Jungs sind so!

Eric Hegmann

Jungs sind so!

Die einfache Wahrheit über das schwierige Geschlecht

Eichborn

Die Begebenheiten in diesem Buch sind mir oder Menschen, die ich kenne, so oder ähnlich tatsächlich passiert. Die Personen in diesem Buch sind jedoch fiktiv. Jede Ähnlichkeit mit lebenden Personen wäre rein zufällig.

Die zitierten Studien und Umfragen in diesem Buch wurden in Men's Health GB, Men's Health Australia, Men's Health US, Men's Health D, Cosmopolitan D, Cosmopolitan US, Cosmopolitan Australia, Spiegel, M&M Europe, Stern, Petra, Morgenpost, Glamour D, FHM D, FHM GB, MAXIM GB, und B. Australia veröffentlicht.

1 2 3 4 06 05 04

Umschlaggestaltung: Christiane Hahn unter Verwendung
eines Fotos von © zefa
Lektorat: Oliver Thomas Domzalski
Satz: Fuldaer Verlagsagentur, Fulda
Druck und Bindung: Clausen & Bosse, Leck
ISBN 3-8218-4874-X

Verlagsverzeichnis schickt gern:
Eichborn AG, Kaiserstr. 66, D-60329 Frankfurt
www.eichborn.de

Inhalt

Vorwort

»Dieser Mann will einfach nicht erwachsen werden! Und dazu ist er ein furchtbarer Angeber, mit seinem neuen Cabrio! Wieso musste ausgerechnet ich so einen unmöglichen Kerl abkriegen?« Diesen Stoßseufzer, meistens mit verzweifelter Miene gerichtet an die beste Freundin, kennen wir alle. Fast jede mit einem Mann verbandelte Frau hadert bisweilen mit seinem Wesen. Und wenn sie etwas mehr Talent zur Verallgemeinerung hat, fragt sie gerne: »Sag mir – wieso bloß sind alle vernünftigen Männer schwul?«

All diesen Klagen liegt die Vorstellung zugrunde, dass es eine ganz individuelle Frage von Glück und Pech sei, was für eine Sorte Mann einem begegnet und einem das Leben mal schwer, mal schön macht. Aber das ist leider ein Irrtum. In vielen Dingen funktionieren alle Männer gleich. Davon handelt dieses Buch.

Im Alter von 15 Jahren wurde mir zum ersten Mal das Herz gebrochen – durch einen Freund. Starr und mit Tränen in den Augen saß ich auf der Terrasse unseres Einfamilien-Reihenhauses und ließ mich vom Anblick zweier turtelnder Meisen immer tiefer ins Selbstmitleid treiben. Meine Mutter kommentierte dieses Bild des Jammers damals mit einem einzigen, lapidaren Satz: »Jungs sind so.«

Bis heute weiß ich nicht, ob sie damit mich meinte oder ob sie mir schonend sagen wollte, dass ich ähnliche Erfahrungen in meinem Leben noch öfter machen würde – zumindest solange ich mich mit Jungs beschäftigen würde. Welche Intention meine Mutter auch immer zu dieser pragmatischen Erkenntnis verleitete: Ich habe sie mir gemerkt. Und ich denke, in diesem Punkt hatte sie wirklich Recht.

Aber gleichzeitig lässt sich der Kontakt mit dieser Spezies ja schlecht vermeiden – schließlich ist fast die Hälfte der menschlichen Bevölkerung in die Gruppe der Jungs einzuordnen. Jungs trifft man – wenn man nicht auf die Insel der Amazonen auswandert – im Job, im Freundeskreis, im Supermarkt und im Sportstudio. Und manchmal sogar unter der eigenen Dusche. Dafür fast nie in der Küche, nur unter Androhung körperlicher Gewalt mit dem Müll in der Hand auf dem Weg zur Tonne und garantiert niemals beim Wechseln der aufgebrauchten Toilettenrolle. Außerdem gibt es ja Momente, in denen der Kontakt durchaus gewünscht ist: beim Reifenwechseln, zur Montage von Badezimmer-Armaturen, zum Schleppen der Mineralwasserkästen – und natürlich für Spiel und Unterhaltung.

Und an gut gemeinter Hilfestellung, wie man mit den unterschiedlichen Arten von Kerlen fertig wird, mangelt es ja auch keineswegs. Seit Ewigkeiten werden Männer in Gruppen sortiert: die Starken und Schwachen, die aktiven und passiven Beziehungsverweigerer, die hetero- und die homosexuellen Männer, die Warm- und Kaltduscher. Und jeder muss angeblich auf eine ganz eigene Art und Weise behandelt werden.

Ein aktuelles Beispiel: Haben Sie schon von der neuen Männergruppe gehört? Den »Metrosexuellen«? Der Begriff kommt aus den USA. Er bezeichnet »urbane Männer mit Einstellungen und Lebensgewohnheiten, die üblicherweise als typisch weiblich gelten würden«. Vertreter dieser neuen Art sind Schauspieler wie Ben Affleck oder Jude Law, Musiker wie Justin Timberlake oder P- Diddy. Und das Aushängeschild des ganzen Vereins ist der Fußball spielende Popstar David Beckham: trendy wie eine Fashion-Schwuppe, dekadent wie eine Hollywood-Diva, fortpflanzungsfreudig wie ein Mäuserich, verheiratet mit einem Spice Girl und dabei die Nummer 1 im heterosexuellsten Sport der Welt. Er rennt zwar an Spieltagen schwitzend und in unmöglichen Shorts die Seitenlinie auf und ab, um manierenfreien Machos mit Mundgeruch möglichst raubeinig den Ball wegzunehmen, trägt aber an den anderen Tagen tief sitzende Jeans von D Squared, verreist mit Louis-Vitton-Koffer und zupft die Augenbrauen.

Frauen fragen in Zeitschriften verwirrt: »Warum tun heterosexuelle Männer so, als seien sie schwul?« Und auch bei den Homos setzt sich langsam die Erkenntnis durch: Wer attraktiv ist, den Sonntagnachmittag in der Wellness-Oase verbringt, Gucci-Brillen trägt, bei Prada kauft und einen Chardonnay von einem Sauvignon unterscheiden kann, ist nicht zwingend einer von ihnen.

Manche Trendforscher sagen, dass sich Männer und Frauen jetzt immer mehr annähern, weil die Kerle aus ihren einengenden Rollen ausbrechen wollen – um endlich tun zu dürfen, was sie wollen. Männer sollen also Jahrtausende auf das Coming-out der Metrosexuellen gewartet haben, um endlich das Parfüm ihrer Freundin benutzen zu können? So ein Quatsch! Männer tun doch sowieso immer, was sie wollen! Ich habe gelernt, dass Jungs ihren Drang nach Freiheit mit allen Mitteln verteidigen werden, dass sie ihr Kindheits-Ich bis in hohe Alter pflegen – jenen Persönlichkeitszustand, der die grundlegenden Bedürfnisse nach dem Lustprinzip befriedigen will.

Meine wichtigste Erkenntnis nach jahrzehntelanger, intensivster Forschungsarbeit: Ob Kollege, bester Freund, Friseur, Lover oder One-Night-Stand: Jungs funktionieren einfach alle gleich. Vor allem in ihren Fehlern! Und da macht es keinen Unterschied, ob die Jungs lieber mit anderen Jungs oder mit Mädchen oder sowohl als auch spielen. Das sehen die Jungs natürlich anders. Aber auch darin sind sie sich gleich. Während die Heteros glauben, sie seien stärker, größer, attraktiver, intelligenter, männlicher und erfolgreicher, behaupten die Schwulen genau das Gleiche von sich. Das ist schon einmal die allerwichtigste Gemeinsamkeit – neben dem gleichen biologischen Grundaufbau. Und tatsächlich ist ein heterosexueller LKW-Fahrer rein äußerlich vom homosexuellen Trucker nicht zu entscheiden. Gewissheit würde wahrscheinlich nur der Blick ins CD-Fach bringen: Kylie Minogue – schwul; Truck Stop – hetero. Aber selbst das stimmt heute nicht mehr durchgehend. Alles sehr verwirrend, oder?

Dieses Buch soll Ihnen helfen, Jungs besser zu verstehen und den Umgang mit ihnen zu erleichtern. Das ist keine Versicherung gegen Tränen und gebrochene Herzen – wohl aber gegen Illusionen und falsche Hoffnungen. Nach der Lektüre dieses Buchs werden Sie besser kapieren, was mit ihm los ist – und Sie werden nie wieder fragen: »Wieso musste ausgerechnet ich so einen unmöglichen Kerl abkriegen?!«

Also, wie ist es: Kommen Sie mit raus, um mit den Jungs zu spielen?

Eric Hegmann, im Mai 2004

Jungs wollen nicht erwachsen werden

Vor einiger Zeit musste ich bei einer Hamburger Softwarefirma einen Workshop »Innovative Software-Lösungen für PKWs« moderieren. Die Teilnehmer waren die Programmierer und Entwickler meines Auftraggebers sowie Ingenieure und Designer eines großen Automobilkonzerns.

Wir tagten bereits seit etwa sechs Stunden und die Konzentration ließ langsam nach. Der Konferenzraum war nur durch eine Glaswand mit Schiebetüren vom hellen, kreativitätsfördernden Loft abgetrennt, in dem die Programmierer der Softwarefirma ihre Arbeitsplätze hatten und ihre Computer mit Codes fütterten.

Wir diskutierten gerade über die Einsatzmöglichkeiten von internetbasierten Wetterprognosen in CD-ROM-gestützten Navigationssystemen, als uns ein sattes »Plopp« ablenkte. Ein großer roter Farbklecks war in Augenhöhe auf der gläsernen Trennwand erschienen und lief zähflüssig die Scheibe herab. Im Loft war niemand zu sehen; die Schreibtische waren verwaist. Ich meinte tief hinten im Raum eine Bewegung auszumachen, als erneut ein »Plopp« die Ankunft eines Farbkleckses markierte. Diesmal in Blau.

Ich warf Claudia, der Chefin der Softwarefirma, einen fragenden Blick zu – als plötzlich die Hölle losbrach. Mit großem Geschrei stürzten etwa 20 Männer mit schwarzen Sturmmasken und mit futuristisch anmutenden Gewehren auf uns zu, formierten sich vor der Glaswand in einer Reihe und eröffneten das Feuer.

Während die Programmierer des Workshops die

Schützen begeistert anfeuerten, zuckten einige der Anzug tragenden Ingenieure in Panik zusammen und ich befürchtete schon, sie würden sich auf den Boden werfen, während die Trennwand in einem »Plopp«-Stakkato zu einem Farbenmeer wurde.

Der Angriff dauerte nur 30 Sekunden, dann war die Scheibe fast undurchsichtig geworden. Claudia sprang auf und schob eine Tür zur Seite. Draußen sah bereits wieder alles aus wie in einem normalen Büro: Fleißige Menschen liefen durch den Raum, setzten sich vor ihre Monitore und beschäftigten sich mit anspruchsvoller Arbeit. Als wäre nichts passiert, sah ich Stefan, Claudias Lebensgefährten und Mitgesellschafter, mit einem satten, breiten Grinsen um die Ecke kommen. In seiner Hand hielt er eine hellblaue Paintgun mit vollem Munitionslager.

»Wir dachten, ihr braucht mal eine Pause«, sagte er lachend. »Wer will auch mal schießen?«

In Sekundenschnelle reihten sich alle Workshop-Teilnehmer um die Spaß-Waffe, die sich als »E-Mag Xtreme« herausstellte und wohl der feuchte Traum jedes Paintgun-Kenners ist. Selbstverständlich wollten auch die Autobauer das gute Stück ausprobieren. Claudia und ich sahen aus sicherer Entfernung, wie sich unsere Workshop-Teilnehmer in eine Horde spielender Kinder verwandelten und nun die Innenseite der Trennwand mit Farbklecksen zukleisterten.

»Warum werden diese Jungs eigentlich nie erwachsen?«, fragte sie. »So geht das seit zwei Wochen täglich. Stefan hat so ein Ding von einer Messe in Chicago mitgebracht. Mittlerweile hat eigentlich jeder Mitarbeiter so eins. Obwohl die bis zu 1500 Dollar kosten! Von den teuren Farbpatronen will ich gar nicht reden. Jetzt wollen sie sich sogar zur National XBall League anmelden und an Turnieren teilnehmen.«

»Na, es scheint ja allen höllischen Spaß zu machen. Sogar unsere Anzugträger geben sich erstaunlich locker. Mit so viel Elan hätte ich die gerne in unserem Seminar gesehen.«

Claudia knurrte. »Suchtpotenzial. Das dauert jetzt mindestens eine Stunde. Bevor nicht jeder einmal geschossen hat, hören die nicht mehr auf. Wollen wir in die Küche gehen und uns einen Cappuccino machen?«

»Danke, nein«, sagte ich. »Ich würde mir lieber diese E-Mag Xtreme mal aus der Nähe ansehen. Ich hatte so was noch nie in der Hand.«

»Du auch?« Sie sah mich einen Moment lang verständnislos an, bevor sie sich mit einem Lächeln abwandte.

»Werde doch endlich erwachsen!« – Haben Sie diesen Satz schon einmal zu einem Mann gesagt? Dann würde mich interessieren, welche Reaktion Sie erlebt haben. Ich rate mal: »Bockig« könnte eine treffende Beschreibung sein. Oder vielleicht schießt Ihnen »pubertär« durch den Kopf. Auf keinen Fall jedoch werden Sie erlebt haben, dass der Angesprochene sich die Auffassung zu Herzen genommen und nun tatsächlich Ihren Vorstellungen eines erwachsenen Mannes entsprochen hätte. Zumindest nicht länger als einen Atemzug.

Und ich verrate Ihnen ein Geheimnis: Geben Sie die Hoffnung auf. Sie haben nicht den Hauch einer Chance. Denn er kann es gar nicht.

Folgen Sie mir auf einen kleinen Ausflug in die Psychologie: Unser aller Über-Klempner Sigmund Freud sprach bei seiner Analyse der menschlichen Persönlichkeit von den Bestandteilen Es, Ich und Über-Ich. In der Transaktionsanalye wurden daraus das Eltern-Ich, das Erwachsenen-Ich und das Kindheits-Ich. In der Theorie sind diese Anteile in jedem von uns ausgeglichen. Aber sehen wir uns doch das Kindheits-Ich einmal genauer an. Das gibt es in zwei Varianten: angepasst-unterwürfig und natürlich-spontan. Beispielsweise lachen Kinder, wenn sie merken, dass ihre Eltern sich darüber freuen. Sie passen sich damit Mama und Papa an. Aber Kinder verhalten sich auch völlig unabhängig von den elterlichen Vorstellungen, tun, was ihnen gefällt, sind also frei und natürlich. Menschen im Kindheits-Ich spielen gerne, faulenzen, lachen, weinen, ärgern sich und sind erfinderisch. Dabei scheren sie sich selten um die Meinung anderer, verhalten sich spontan und sind meist sehr egoistisch.

Merken Sie was? Genau: Die Beschreibung eines Menschen im Kindheits-Ich passt unglaublich gut auf die Kerle, mit denen Sie es immer zu tun haben! Und das wird auch immer so bleiben.

Jungs bleiben Jungs, sie werden niemals zu Männern. Sie wollen immer spielen: Liebe, Doktor und Krieg. Steuerbetrug ist für sie eine Runde Räuber und Gendarm, sie sammeln Autos, Häuser, Lover und Mobiltelefone wie früher Lego-Sets, sie wollen unvermittelt jetzt und hier Spaß: Fußball, Sex und Glotze. Aber sie verweigern auch mal trotzig ihre Gesellschaft. Dann schmollen sie, baden in Selbstmitleid und schießen sich immer wieder und mit kaum enden wollender Leidenschaft mit legalen und illegalen Rauschmitteln aus dem Hier und Jetzt in Umlaufbahnen, die vor ihnen nur Milliarden anderer Männer gesehen haben.

Manche meiner Freundinnen denken, wenn zwei Jungs zusammen leben, muss das doch einfacher sein, weil die wenigstens gleich ticken. Nun kennen sie mich und wissen, dass dem nicht so ist. Und das ist ja auch logisch: Wenn Sie ein Problem verdoppeln, wird es größer, nicht kleiner. Das ist einfache Mathematik. Eine Männerwirtschaft wird immer ein Kindergarten sein. Ob es sich dabei um eine Wohngemeinschaft heterosexueller Kerle, eine eheähnliche Beziehung von Schwuppen oder jede nur denkbare Mixtur aus beiden handelt: Wer hier eindringen will, sollte eine Grundausbildung in Kinderbetreuung haben.

Und dies gilt entgegen einem verbreiteten Vorurteil keineswegs nur für heterosexuelle Männer. Die Schwulen sind keinen Deut anders. Was den Spieltrieb angeht, sind alle Jungs gleich.

Das »Peter-Pan-Phänomen« nannten ein paar Marktforscher das Phänomen des Nicht-Erwachsen-Werden-Wollens kürzlich – und voller Jubel. Für die Konsumgüterindustrie bedeutet das nämlich, dass sie ihrer Lieblingszielgruppe viel länger als vermutet irgendwelches Spielzeug verkaufen können. Bisher ging man davon aus, dass der männliche Spieltrieb mit etwa 30 nachlässt. (Der weibliche endet ja bereits mit der Pubertät – wenn er überhaupt vorhanden ist.) In einer Studie hieß es noch vor einiger Zeit: »Männer verlieren ab 30 ihre Abenteuerlust und werden sesshaft.« Für das Konsumverhalten bedeutete das: Sie blieben Marken treu und wechselten nicht mehr so häufig. Und waren damit als Impulskäufer verloren.

Und angeblich galt das auch für Beziehungen: Ab 30 sei Schluss mit dem Abstoßen der Hörner. Jetzt werde geheiratet oder verpartnert, ein Nest gebaut und der Baum endlich gepflanzt. Die Sexpartner wechselten nicht mehr so häufig, der Mann werde monogamer.

Haben Sie auch das Gefühl, dass das nicht stimmt? Oder zumindest nicht mehr? Männer wollen seit einiger Zeit gar nicht mehr erwachsen werden. Marktforscher haben das ganz gut beobachtet: »Vor allem Single-Männer über 30 bestehen auf jugendlichen Verhaltensformen in all ihren Lebensgewohnheiten und kultivieren einen von Spontaneität und Freiheit geprägten Lifestyle«, schrieb ein britisches Marketing-Fachblatt im Jahr 2003. Ich würde mit etwas weniger Werberdeutsch einfach sagen: Jungs wollen Jungs bleiben. So lange es irgend geht.

Jungs denken alle 3 Minuten an Sex

Sie haben das auch schon erlebt: Eben hat der Mann, der Ihnen gegenübersitzt, noch aufmerksam zugehört, hing fasziniert an Ihren Lippen, fragte interessiert nach und erfreute Sie mit geistreichen Zwischenbemerkungen. Aber plötzlich, ganz ohne Vorwarnung, verlieren seine Augen an Glanz, werden etwas stumpf und wirken, als würden sie nach innen sehen. In diesem Moment könnten Sie ihm das Versprechen abnehmen, ein Jahr lang dafür zu sorgen, dass immer ein gebügeltes Spitzendeckchen auf dem Couchtisch liegt – er würde wahrscheinlich einfach nur nicken, eventuell kurz knurren oder grunzen. Dieser Zustand dauert aber höchstens drei Sekunden, dann ist alles wieder wie vorher.

Was geschieht da? Verschwinden Männer in regelmäßigen Abständen in ein Parallel-Universum und lassen nur einen Doppelgänger mit eingeschränkten Lebens- und Kommunikationsfunktionen zurück? Oder müssen Jungs einfach nur ab und zu ihre lebenserhaltenden Funktionen auf ein Minimum reduzieren, um danach, mit wieder aufgeladenem Akku, weiter dem Gespräch folgen zu können?

Behalten Sie einmal kurz den Gedanken an das Paralleluniversum im Kopf. Der kommt der Wahrheit nämlich sehr nahe. Glaube ich zumindest. Seit mir Chris gestern beim Joggen von einer spannenden Studie erzählt hat.

»Aufpassen, Eric!«, warnte er mich wegen einer großen Pfütze vor mir. »Du musst beim Laufen schon nach vorne sehen. Sonst trittst du rasch mal in etwas Unangenehmes!«

Ich drehte meinen Kopf wieder in Laufrichtung und

wich in letzter Sekunde dem Überbleibsel des nächtlichen Gewitters aus. Der Hintern des Läufers, der uns gerade entgegengekommen und nun an uns vorbeigelaufen war, hatte mein Interesse geweckt und ich hätte mir beinahe die Halswirbel ausgerenkt, um diesen Anblick noch eine weitere Sekunde genießen zu können. Die Erfinder der eng anliegenden Laufhose mussten an diese Beine gedacht haben, als sie beschlossen, Nylons auch für Männer anzubieten.

Chris folgte meinem Blick. »So toll war der ja nun auch wieder nicht«, sagte er mit heterosexueller Nüchternheit. »Da läuft hier Besseres um die Alster. Aber die drei Minuten waren ja auch schon wieder um.«

Da waren in einem Satz mindestens zwei Informationen, die mich verwirrten.

»Seit wann kannst du einen knackigen Männer-Arsch beurteilen?«, fragte ich. »Und was meinst du damit, dass drei Minuten vergangen wären? Machen wir gerade ein Intervall-Training und ich habe das nicht mitbekommen?«

Chris lachte. »So könnte man das auch bezeichnen. Aber dieses Trainingsprogramm läuft in deinem Kopf ab. Das hält deine Libido fit.«

»Da ist der Fitness-Zustand ganz zufrieden stellend. Aber was hat es mit den drei Minuten auf sich? Und seit wann achtest du auf die Kehrseite eines Kerls?«

»Ich kann mir gar nicht vorstellen, dass ausgerechnet du das nicht weißt: Alle drei Minuten denken Männer an Sex. Das ist wissenschaftlich erwiesen!«

»Das höre ich zum ersten Mal.«

»Habe ich in einer Studie gelesen!«, beharrte Chris. »Genauer gesagt in einer Zeitschrift von Nina, in der diese Studie zitiert wurde.«

»War es Men's Health oder Cosmopolitan?«, wollte ich wissen. »Deine Lebensgefährtin liest jede Illustrierte, in der es eine Doktor-Sommer-Ecke für das Paarungsverhalten von Großstädtern geht. Ich tippe, sie weiß mehr über die Prostata als du. Also, was steht in dieser Studie?«

»Danach denken Männer im Schnitt alle acht Minuten an Sex«, erklärte er. »Da aber die Wissenschaftler hier von 24 Stunden ausgehen und wir nachts ja schlafen, habe ich die Zahl ein wenig angepasst, um einen realistischeren Wert zu erhalten.«

»Das ist erschreckend häufig und kaum zu glauben. Das müssen wir ausprobieren«, schlug ich vor. »Du wirst jetzt zehn Sekunden lang deinen Knackarsch vor mir hertragen. Dann sehe ich auf die Uhr und wir warten ab, wie lange es dauert, bis ich das nächste Mal unzüchtige Gedanken habe. Parallel siehst du dem nächsten Mädel auf die Titten und wir testen, wie lange es danach dauert, bis du wieder an Sex denkst.«

Zugegeben, dieser Selbstversuch war nicht so gefährlich für Leib und Seele wie die Dinge, die die Jungs bei MTVs Jackass jeden Tag mit sich ausprobieren. Aber mindestens genauso lustig. Wir liefen also noch einige hundert Meter, bis eine echte Alsterschickse mit langen blonden Haaren und viel zu engem Top an uns vorbeisprang. Ich konzentrierte mich mühelos auf Chris' Kehrseite, er auf ihre Oberweite.

»Und wie definieren wir jetzt an Sex denken?«, fragte ich. »Streng genommen wäre die Zeit schon um, wenn wir nur darüber sprechen.«

Chris sah auf die Uhr. »Dann hätten wir nicht einmal zwanzig Sekunden geschafft. Außerdem kommt da schon wieder so ein Geschoss. Ich glaube, meine Zeit ist wieder rum.«

Das Objekt der Begierde war eine zierliche Brünette, die mit ihrem Labrador um die Wette rannte. Auch sie hatte wohl lieber in die Turnschuhe als in den Sport-BH investiert. Bei der überdurchschnittlichen Ausstattung und der sonst so schlanken Gestalt zwei echte Hingucker.

Ich hielt Ausschau nach einem knackigen Kerl für mich. Aber um uns trabten nur eine Hand voll Fliegerseide-Anzugträger mit Hüft- und Knie-Problemen. Die waren wirklich keine Versuchung.

Und warum tun Jungs das – sich ständig nach potenziellen Sexualpartnern umsehen? Weil sie es können. Und weil wir so die Gedanken immer in Bewegung halten. Brain-Fitness sozusagen. So wird uns nicht langweilig. Damit hält sich das Gehirn auf Trab. Zugegeben, manche rechnen die Wurzel aus gewaltigen Summen, die man zu gerne mal auf einem Gehaltsscheck sehen würde. Andere trainieren die grauen Zellen, indem sie das Telefonbuch ihrer Stadt auswendig lernen. Oder die Schachzüge Kasparows voraussehen. Aber wenn sie kein Interesse haben, bei »Wetten dass?« aufzutreten? Dann denken sie an Sex.

Jetzt wollen Sie wissen: Kann es wirklich angehen, dass wir den ganzen Tag nur an das Eine denken? Was mich betrifft: Gar kein Problem. Gut, im Winter lässt es ein wenig nach. Aber kaum scheint die Sonne wieder, werde ich von den geringsten Reizen angeturnt. Und meinen Hetero-Freunden geht es nicht anders! Die Mädels kleiden sich in der Regel ja noch luftiger als die Jungs: Bauchnabelfrei und Push-up-Bra. Das genügt manchmal, um den 3-Minuten-Rhythmus auf 1 Minute herunterzuschrauben.

Und: Es hört auch im Alter nicht auf. Nehmen wir meinen lieben alten Vater. Zu meinem 35. Geburtstag hatte ich etwa zehn Freunde und meine Eltern zum Essen eingeladen. Alle amüsierten sich prächtig. Papa auch. Aber anders als wir, denn er war abgelenkt. Er saß Miriam gegenüber, die extra für den Anlass einen sehr ansehnlichen BH ausgewählt hatte, der in dem tiefen Ausschnitt des schlichten schwarzen Oberteils hervorragend auszumachen war. Und so fiel mein Vater nach wenigen Stunden und viel Wein praktisch kopfüber in diesen Ausschnitt. Immer wieder, und zu unser aller Amüsement. Die Intervalle seines Trainings waren bei dieser Übung auf 30 Sekunden Dauer gesunken, denke ich.

»Du bist mir noch eine Antwort schuldig«, erinnerte ich Chris.

»Ach ja?«

»Spiel nicht die Unschuld. Du weißt, wovon ich spreche.«

Er grinste. »Keine Ahnung.«

»Es ging um dein plötzliches Interesse an knackigen Pos von anderen Männern.«

»Keine falschen Hoffnungen: Ich werde nicht die Seiten wechseln. Ich habe nur von dir gelernt.«

»Was denn?«, fragte ich.

»Du siehst mir im Abstand von etwa drei Minuten auf den Hintern. Also kann der so schlecht nicht sein, dachte ich und begann, ihn mit denen der Jungs zu vergleichen, denen du so nachschaust. Das ist alles. Ganz harmlos.«

»Und wie schneidet deiner bei deinen Studien ab? Zufrieden stellend?«

»Sag du es mir!«, meinte er salomonisch. »Du schaust ihn dir doch etwa 14 Mal pro Alsterrunde an.«

Aber man muss Heten nicht auch noch ermutigen, in unseren Gefilden zu wildern. Außerdem gefallen ihm die hüpfenden Brüste der Mädels ohne Sport-BH sichtlich besser: Dann wird sein Gang aufrechter, die Schritte kräftiger und länger und dadurch wirkt auch der Po knackiger. Zu meiner Freude geschieht das in der Regel alle drei Minuten.

Jungs geben mit ihren Maschinen an

»Wenn Männer alt und schwach werden, kaufen sie sich schnelle Fahrzeuge.« Diese Weisheit erzählte mir meine Mutter, als ich etwa 12 Jahre alt war und der (für mich damals mit seinen 50 Jahren) steinalte Nachbar mit Mühen, aber stolz aus seinem neuen roten Porsche krabbelte. Seine Haare waren zwar schon schlohweiß, aber seine Augen strahlten wie die Morgensonne.

25 Jahre später. High Noon in Hamburg: Eine rote Ampel an einer dreispurigen Straße. Ich stehe mit meinem Motorrad auf der mittleren Fahrbahn. Links neben mir ein dunkelblauer Mercedes mit getönten Scheiben, aus dem orientalische Klänge hämmern. Rechts neben mir ein Golf GT Erdbeerkörbchen, tiefer gelegt, Sportreifen und -felgen sowie eine Pioneer-Stereoanlage, die für Loveparade-Feeling sorgte. Fahrer etwa Mitte dreißig, Baseballcap. Er sagt etwas zu seiner Beifahrerin. Sie entspricht ziemlich genau dem Klischee der Alster-Schickse für Arme: lange blonde Haare, solariumgegerbte Gesichtszüge, verborgen hinter einer todschicken, verspiegelten Sonnenbrille. Das Techno-Humbda-Humbda ist zu laut und ich kann ihn nicht verstehen. Aber ich weiß genau, was er ankündigt – auch ohne ihn zu hören. Denn seine Fahrspur wird etwa 100 Meter Luftlinie voraus von einem achtlos in zweiter Reihe abgestellten UPS-Lieferwagen blockiert: Er muss also auf meine Spur.

Seine Herausforderung ist mithin eine doppelte: Spurwechsel vor dem Motorrad – und natürlich schneller als der Mercedes. Denn der Liebhaber orientalischer Klänge kann seine Pferde kaum halten und rollt langsam und zielstrebig auf die Haltelinie zu, um einen minimalen Vorsprung zu ergaunern. Der Orient, ein attraktiver Endzwanziger, kurze dunkle Haare, stahlblaue Augen, lächelt wissend zu mir herüber – offenbar ein Mann mit Sachverstand. Mit mir will er sich nicht anlegen: aber dem Techno-Obstgarten wird er zeigen, warum sein Wagen teurer war. Die Fußgänger-Ampel schaltet auf Rot. Nur noch Sekunden bis zum Startsignal.

Ich klappe lässig das Visier runter, schaltet in den ersten Gang und warte darauf, dass die Ampel auf Gelb wechselt.

Bevor ich Ihnen erzähle, wie diese moderne Version von »Denn sie wissen nicht, was sie tun« ausging, muss ich rasch ein Gespräch einfügen, das ich am Tag davor mit Tibor, meinem damaligen Lebensabschnittsgefährten, geführt habe:

»Ich habe alles bestellt, was an zusätzlicher Ausstattung angeboten wird: Regen-Sensoren für die Scheibenwischer, fiepende Einparkhilfe und eine Kühlung fürs Handschuhfach. Wenn wir dann an die Küste fahren, kann ich dem schwitzenden Motorradfahrer an der Raststätte immer eine eiskalte Cola reichen!«, schwärmte Tibor stolz von seinem neuen Wagen.

Vor uns ausgebreitet lagen Hochglanzprospekte und ein Auftragsschein mit einer Liste von Sonderattributen so lang wie ein Wunschzettel an den Weihnachtsmann.

»Da wirst du aber ganz schön Gas geben müssen.«, gab ich an. »Denn während dein kleines Audi-Cabrio bei 240 Stundenkilometern leider gedrosselt ist, ziehe ich mit 300 Sachen lässig an dir vorbei.«

Keine Frage, das war ein Dialog auf dem Niveau einer Grundschul-Raucherecke. Glauben Sie mir: reines Gockel-Imponiergehabe und keinesfalls ernst gemeint. Weder würde Tibor seine kunstvolle Frisur einem solchen Gegenwind aussetzen wollen, noch wäre ich so selbstmörderisch, mein Zweirad bis zur Höchstgeschwindigkeit zu treiben. Ich bin natürlich viiiiiel besonnener: Bei einem Wettrennen mit einem leckeren Porsche-Fahrer auf der Strecke Hamburg-Berlin drehte ich vergangenen Sommer zwar mal knapp über 250 km/h auf, um dem jungen Mann zu zeigen, wer hier das Alpha-Männchen auf der Strecke war – aber zu mehr Tempo fehlt mir der Mut.

Aber da sind wir auch schon beim Thema. Wäre der dunkelhaarige Modellathlet hinter dem Steuer des Porsche nicht ein Abbild meines Beuterasters gewesen, sondern ein kleiner hässlicher Vogel mit Übergewicht: Ich hätte mich sicher nicht auf dieses vor allem für mich ohne Knautschzone und Airbag doch recht halsbrecherische Halbstarken-Ritual eingelassen.

Warum tun Jungs das? Männliches Imponiergehabe oder schlichtes Angeben ist ganz klar ein Überbleibsel aus der prähistorischen Evolutionsgeschichte: Rudelführer wurde, wer am schnellsten von allen Stammesangehörigen laufen konnte. Denn nur dann gab es Rotwildbraten in der Höhle. Heute beweisen Jungs ihren Status als potenzieller Ernährer auf der Autobahn durch die Wahl ihres Fahrzeuges. Männer geben einfach gerne mit ihren Fahrzeugen an. Dabei ist der Nutzen nebensächlich. Oder halten Sie in einer ausgewiesenen Schlechtwetterregion wie Hamburg ein Cabrio mit Minibar für eine sinnvolle Investition? Nein, sicher nicht. Klingt gut, sieht gut aus und imponiert im richtigen Moment der richtigen Person. Aber steht 290 Tage wegen Regen in der Garage oder – noch schlimmer – muss mit geschlossenem Verdeck an Alster und Elbe promenieren.

Wenn ein Mann stolz die 190 PS meines Motors erwähnt, dann um den anderen im Rudel zu bestätigen, was für ein toller Kerl er doch sei. Und dass er bei der Paarung die besten Exemplare in der Herde für sich beansprucht. Bei den Heteros ist das übersichtlich getrennt: Die nebenbuhlenden Männchen sollen abgeschreckt, die Weibchen durch das Imponiergehabe sexuell gnädig gestimmt werden. Bei den Schwulen ist das natürlich eine Gratwanderung, denn »Einschüchtern« und »Werben« erreichen dieselbe Gruppe.

Auf jeden Fall: Angeben wird zum Gesellschaftssport, und Auffallen ist eine echte sportliche Herausforderung. Nur ein schnelles Auto reicht da nicht. Auffallende Farben, schräge Extras und exzentrische Sonderausstattung müssen schon sein. Ich denke da an lachsfarbene SLKs mit roten Lederbezügen und Klavierlack. Derzeit sind Kleinstautos hoch im Kurs, die gerne auch so teuer wie ein Vertreter der gehobenen Mittelklasse sein dürfen. Noch vor wenigen Jahren waren Range Rover und Jeeps angesagt. Die hatten große Räder und signalisierten mit ihrer Outdoor-Attitüde verwegenste Männlichkeit. Zum Wechsel der Scheibenwischer musste der Wagen zwar in die Werkstatt, aber ein guter KFZ-Mechaniker hält sich an das Schweigegelübde wie ein katholischer Beichtvater.

Aber jetzt wollen Sie sicher wissen, wie das Rennen an der Ampel ausgegangen ist. Nun, der Sieger stand ja vorher schon fest: der Fahrer der roten 190-PS-Maschine natürlich. Unbeirrt von den gequält aufheulenden Motoren der beiden Bügerkäfige neben mir beschleunigte ich gelassen in 2,0 Sekunden auf 80 Stundenkilometer. Lächelnd sah ich im Rückspiegel, wie das Obstkörbchen vor dem UPS-Lieferwagen in die Bremsen treten musste, da der Mercedes um eine Sekunde schneller war und gehässig nach rechts auf die mittlere Spur wechselte. Damit war die Niederlage von Golfi doppelt schmerzlich. Eine Sekunde lang dachte ich daran, vielleicht doch noch zu bremsen, um den flotten Bauchtanzliebhaber nach seiner Telefonnummer zu fragen. Und während ich voller Befriedigung sah, wie der Techno-Anhänger wütend gestikulierte, übersah ich den kleinen grauen Kasten an der rechten Straßenseite, der sich ob dieser Missachtung beleidigt zeigte und zweimal heftig blitzte. Nicht so schlimm, denn Motorräder tragen nur hinten ihr Nummernschild und die meisten dieser widerwärtigen

Blitzapparate schießen von vorne. Die Erfinder dachten nur an Autos und daran, dass so neben dem vorderen Kennzeichen auch der Fahrer mit aufs Bild kommt, falls sich der Halter nicht erinnern kann, was mit seinem Wagen zur Tatzeit nur geschehen war. Besonders freundliche Motorradfahrer lächeln vielleicht noch charmant in die Kamera, obwohl durch das Visier nicht einmal eine Reihe Zähne für die Beamten zu sehen ist. Fieslinge und Fans der Hells Angels garnieren dieses Grinsen zusätzlich mit einer eindeutigen Handbewegung. Auch deshalb sind wir bei Polizisten extrem beliebt. Und sie freuen sich diebisch, wenn sie mal einen Motorradfahrer blitzen und danach rauswinken können.

Und genau das geschah. Plötzlich erschien eine rote Kelle am Straßenrand, gehalten von einem gefährlich gut gelaunten Herrn in Olivgrün.

»Fahren Sie immer so schnell?«, fragte er, nachdem ich von der Maschine abgestiegen war. Er umkreiste das erlegte Wild milde lächelnd. Mit einem anerkennenden Blick fügte er hinzu: »So eine Rakete verführt natürlich.«

Seine Augen blieben an der kleinen Regenbogenfahne über dem Nummernschild hängen. Eine Augenbraue zuckte und er warf mir einen musternden Blick zu. »Geben Sie mir doch mal Ihre Papiere!«

Nach kurzer Prüfung der technischen Daten gab er mir den Fahrzeugschein zurück. »Das ist ja bereits das neue Modell. 190 PS. Ich bin vergangenes Jahr den Vorläufer gefahren, 170 PS – und kaum zu bändigen.« Er sah nochmals von mir zu meinem schwulen Aufkleber. »Nicht viele wagen sich an dieses Motorrad.«

Was er sagen wollte, war: »Eine Schwuppe kann so eine Maschine eigentlich nicht fahren!« Ich blieb charmant und dachte an das schöne Geld, das gleich den Besitzer wechseln würde. Und hoffte, dass ich nicht obendrein den Führerschein abgeben müsste.

»Ich hatte Sie an der Ampel beobachtet«, meinte er schließlich. »Lassen Sie sich künftig nicht so provozieren und fahren Sie langsamer. Ich dachte immer, Menschen wie Sie würden sich da besser zurückhalten können.«

Er lächelte und gab mir den alten grauen Lappen zurück. Und während ich auf die Maschine stieg, fragte ich mich, ob es nicht an der Zeit wäre, einen Uniform-Fetisch zu entwickeln.

Jungs hassen die Oper

Womit können Sie einem Mann die größte Freude machen? Sagen Sie nach seinem Orgasmus einfach: »Prima, Schatz. Du warst großartig. Schlaf doch mal gleich ein paar Minuten.« Unabhängig davon, ob auch Sie auf Ihre Kosten gekommen waren. Er wird Sie lieben dafür. Und innerhalb von wenigen Minuten eingeschlafen sein.

Und wie können Sie einen Mann in Angst und Schrecken versetzen?

»Liebling! Ich habe endlich Karten für die Oper bekommen. Diesen Sonntag. Wir werden einfach früher von der Ostsee nach Hause fahren und uns ›Die Krönung der Poppea‹ ansehen. Das Beste daran: Sie benutzen die Originalmusikinstrumente aus dem Barock!« Und das, wo diesen Sonntag das Beach-Volleyball-Turnier in Timmendorf beginnt, schwarze Anzüge bei 27 Grad eine Zumutung sind und die Oper bereits am späten Nachmittag beginnt. Denn sie dauert fünf Stunden netto. Das heißt: ohne Pausen. Eine Stunde Rumstehen und Small Talk mit uninteressanten Menschen an überteuerten Schaumweingläsern kommt also noch als Dreingabe obenauf. Kurz: Der sonnige Frühsommer-Tag ist futsch.

Oder nehmen Sie meinen zähen Lunch-Termin mit einem potenziellen Kunden, der aber eigentlich doch lieber kein Geld ausgeben möchte. In das stockende Gespräch fiepte mein Telefon. Eine SMS.

»Habe Premierenkarten für heute Abend. Willst Du mit? Nic.«

»Was gibt es denn? Ein Ballett?«, tippte ich schnell.

»Keine knackigen Tänzer – aber eine barocke Oper.«

Ups.

»Entschuldigen Sie mich einen Moment?«, fragte ich mein Gegenüber höflich und verschwand mit dem Handy um die Ecke.

»Pressestelle Staatsoper Hamburg. Was kann ich für Sie tun?«, meldete sich Nic formvollendet.

»Sie verschenken Tickets, habe ich gehört«, meinte ich. »Allerdings nicht für Neumeiers aktuelle Ballett-Inszenierung mit halbnackten Bodybuildern in aufreizenden Posen – sondern für uraltes Musiktheater.«

»Eric«, schnaufte er. »Vergiss es einfach. Karten fürs Staatsballett sind extrem begehrt. Deshalb vergebe ich sie nur an mögliche Sexualpartner, um sie mir gefügig zu machen. Gute Freunde dürfen aber mit mir in die Oper. Deine Entscheidung?«

»Darf ich Ballett auch ohne Sex haben?«

»Nein.«

»Also heute Abend Oper?«

»Ja.«

»Du findest niemanden, der mitgehen will, oder? Und es wäre einfach zu peinlich, wenn der Pressechef ohne Begleitung bei der Premiere aufschlägt. Alle Kulturschwuppen haben abgesagt, weil diese Aufführung besonders fies ist, und dann bin nur noch ich übrig geblieben. Außerdem schulde ich dir noch was.«

»Genau.«

Ich resignierte. »Wann soll ich da sein?«

»Um 17.30 Uhr. Bitte diesmal pünktlich.«

»Hm«, knurrte ich.

»Und noch etwas«, fügte er hinzu. »Bitte nicht wieder in Motorrad-Kleidung. Versuch es mit einem Anzug. Mir zuliebe. Ich zahle auch das Taxi.«

Ich knurrte noch, als ich mich wieder an den Tisch setzte und den unschuldigen Fisch attackierte.

»Unangenehmer Anruf?«, fragte mein Gegenüber pflichtschuldig.

»Einladung zur Oper.«

»Oh«, sagte er. Nach einer kurzen Pause meinte er: »Und Sie müssen hingehen?«

»Leider ja«, antwortete ich.

»Das ist bitter. Keine Chance, noch davonzukommen? Ein wichtiger Kundentermin, der dazwischengeschoben werden muss?«

Wenn ich nicht hundertprozentig sicher gewesen wäre, dass es sich bei meinem Lunchpartner um einen Heterosexuellen handelte, hätte ich diese Frage für ein unmoralisches Angebot gehalten, das in selbstlosen Körpereinsatz münden würde.

»Es sind Premierenkarten. Für heute Abend schon. Ich habe bereits zugesagt.«

»Sie Ärmster«, sagte er voller echtem Mitleid. »Meine Frau hat dieses Opern-Abo. Und wenn mal keine beste Freundin Zeit hat, muss ich immer ran.«

»So ähnlich geht es mir auch.«

Er beugte sich nach vorne und flüsterte verschwörerisch: »Und wissen Sie was: Ich hasse die Oper!«

Ich konnte ihm nur beipflichten.

Ich weiß, was Sie jetzt denken: »Wenn alle Männer Opern hassen, warum flitzen dann die Homos immer dahin?«

Meiner Meinung nach hat das nur noch historische Gründe. Früher durften Frauen ja nicht auf einer Bühne auftreten und die Männer mussten sich Röcke anziehen und als Desdemona von kräftigen schwarzen Kerlen begehrt und erwürgt werden. Diese Aussicht trieb natürlich die Homosexuellen scharenweise zum Theater. Niemand dachte sich was dabei, wenn sich hier nun zwei Jungs näher kamen. Im Zweifel probten sie nur eine Szene von Shakespeare. Wo Schwuppen gleich gesinnte Männer wittern, da gehen sie hin, rotten sich zusammen, singen, tanzen und trinken – und suchen einen nahe gelegenen Platz zur umgehenden Befriedigung ihrer sexuellen Nöte. Das ist ein Instinkt. Wie ein Naturgesetz.

Außerdem war die Kultur lange Zeit so etwas wie die einzige öffentliche Nische für Homosexuelle. Hier blieben wir überwiegend unbehelligt – oder zumindest toleriert, weil wir ja so furchtbar kreativ sind. Als vor dreißig Jahren schwule Kneipen dunkle, mit Holz verkleidete Bars waren, die Namen trugen wie »Why not?« und die mit schwarz verklebten Scheiben den Einblick von außen verwehrten, da war die Theaterpause eine willkommene Cruising-Area. Hier konnte man endlich ein paar vernünftige Klamotten ausführen, die teuren Lackschuhe blieben sauber und niemand beschwerte sich über das neue Parfüm von Yves Saint-Laurent.

Aber diese Zeiten sind vorbei. Heute sind schwule Cafés in der Nähe der Fußgängerzone, damit man die Tüten nicht so weit tragen muss und beim Latte Macchiato ein wenig lästern kann. Statt dunkler Fenster gibt es jetzt aufklappbare Glasfronten und auf dem schmalsten Gehsteig wird eine unüberschaubare Masse Tische geparkt.

Dazu kommen moderne Kommunikationsmittel wie das Internet. »Gayromeo« zum Beispiel. Hier präsentieren sich Männer wie in einem Bestellkatalog und bieten ihre Vorzüge an. Je nach Geschmack lässt sich per Mausklick ein Gegenstück für Sex, Affäre, Beziehung oder Ehe finden. Unproblematisch. Mit hoher Erfolgsgarantie. Für ein paar Euro im Monat. Und so sitzen heute immer weniger schwule Zuschauer vor dem Orchestergraben – denn die anderen sitzen vor ihrem PC und vereinbaren das nächste Date. Dort sieht man im Zweifel auch die freizügigeren Aufnahmen des hübschen Geigers.

Was bietet dagegen die Oper? Bezahlbare Plätze nur ohne Sicht, Musik, die nach vier Stunden vorsichtig formuliert anstrengend wird, und eine Bestuhlung, die kein Kino anzubieten wagen würde. Wieso soll mann – ob hetero oder schwul – da hingehen?

Womit wir wieder beim gewöhnlichen Opern-Abend wären: Die Heten sind frustriert, weil sie beim besten Willen nicht verstehen können, warum ihre Ehefrauen zweimal im Jahr auf Kultur machen, und die Homos haben niemanden mehr, vor dem sie mit dem schicken Outfit und den neuen Duftmitteln angeben können. Und so sind die Jungs in der Pause in ihrem Leid vereint an den kleinen Stehtischen neben dem Getränke-Kiosk. Mit einem alkoholfreien Bier in der Hand wird über das verpasste Wasserski-Laufen lamentiert. Und alle sind sich einig: Nächstes Mal lieber ins Madonna-Konzert. Da schlafe ich dann nach drei Glas Schaumwein auch nicht ein.

Jungs stehen auf Dreier

Tibor sah mich zweifelnd an. Dann schnüffelte er an meinem Pullover und an meinem Hals. »Du hattest Sex!«, stellte er fest. »Du kommst zu meinem Sonntag-Nachmittag-Kaffee eine Stunde zu spät, weil du ficken warst!«

Tibor war mein Exfreund aus einer fünfjährigen Beziehung. Das bedeutet: Er kennt mich gut. Und er hatte Recht. Meine Verspätung war tatsächlich in sexuellen Aktivitäten begründet, die bis vor exakt 20 Minuten angedauert hatten.

»Aber ich habe mich danach geduscht!«, entschuldigte ich mich zaghaft.

Ein kehliges Knurren war die unversöhnliche Antwort. Er nahm mir Jacke ab und schob mich ins Wohnzimmer, wo bereits sechs Personen um den antiken Beistelltisch saßen. Die Zeit für Kaffee war offenbar schon vorüber, man war bereits zum Prosecco als dem Getränk der Stunde gewechselt.

»Eric ist zu spät, weil er noch schnell eine Nummer schieben musste!«, stellte mich Tibor der Runde vor. »Er ist sicher etwas geschwächt, also gebt ihm rasch etwas Kuchen. Ich gehe in die Küche und hole etwas Multivitaminsaft. Damit er wieder zu Kräften kommt.«

Das Gespräch war sofort verstummt und ich suchte mir unter den aufmerksamen Blicken der Anwesenden einen freien Platz. Gut, dass ich mich im Kreis von Freunden wusste, sonst wäre ich wohl sofort geflüchtet. Ich wählte einen Stuhl, strategisch nahe dem Ausgang natürlich.

»War es denn schön?«, fragte Sabine, eine heterosexuelle Freundin, die ihr Singleleben auch mit 40 noch in vollen Zügen genießt.

»Wer war es denn?«, fragte Tim, eine extrem umtriebige Husche. Egal wen man erwähnt – er war bereits mit ihm in der Kiste oder weiß zumindest über alle intimen Details Bescheid. Weil er garantiert zumindest einen kennt, der bereits mit ihm im Bett war.

Noch bevor ich nachgedacht hatte, antwortete ich mit stolz gewölbter Brust wie ein Gockel auf dem Hof: »Es waren zwei.« Dabei grinste ich breiter als der Erdal-Frosch. »Und Namen tun doch wirklich nichts zur Sache, oder?«

Andreas brummte etwas Unverständliches in sein schickes, modisches Ziegenbärtchen. »Du wolltest etwas sagen?«, fragte ich nach.

»Hm. Einen Dreier hatte ich schon lange nicht mehr«, sagte er mit einem Seitenblick auf seinen Freund Tim, dessen letzte Sex-Party allerdings nicht so lange zurück lag – das wusste ich aus erster Hand. »Dabei finde ich Sex mit zwei Kerlen ja richtig klasse.«

»Vielleicht sollten wir mal die Hetero-Männer dazu befragen«, schlug Tim grinsend vor. »Wir haben doch zwei hier heute Nachmittag.«

Ihm gegenüber wanden sich Boris und Miriams Feuerwehrmann unbehaglich. Boris war ein Bundeswehrfreund von Tibor, sehr attraktiv, verheiratet, Vater einer zweijährigen Tochter und nach eigenen Angaben der größte Rumtreiber unter der Sonne seit Casanova. Über Miriams Begleiter ließ sich eigentlich nur eins sagen: »Supergeil« – eine wahr gewordene Porno-Fantasie, sogar ohne Rußspuren auf dem ölig nackten Oberkörper und Löschschlauch über der breiten Schulter. Er war so unglaublich sexy, dass ich mir seinen Namen nicht länger als zwei Sekunden merken konnte, weil das Blut aus meinem Gehirn sofort in die Körpermitte schoss und damit die Sauerstoffversorgung meines Denkorgans unterbrach.

Diese beiden heterosexuellen Role-Models sollten uns nun also etwas über Dreier erzählen. Sabines Augen funkelten provozierend durchs Wohnzimmer. Miriam strich sich nervös die Haare aus dem Gesicht und rutschte auf der Sofalehne noch ein wenig näher an ihren Kerl.

»Also, ich hatte schon ein paar Dreier«, eröffnete Boris die Runde. »Fast immer mit zwei Frauen natürlich. Aber auch einmal mit einem anderen Mann und einer Frau.«

»Das ist ja hoch interessant«, sagte Sabine. »Und was hat dir besser gefallen?«

»Noch jemand frischgepressten Multivitaminsaft?«, trällerte Tibor und tanzte mit einem Tablett durchs Wohnzimmer. »Alles in Ordnung? Worüber unterhaltet ihr euch denn so angeregt? In der Küche habe ich leider nichts mitbekommen.«

»Boris erzählt gerade von einem Dreier mit einem anderen Mann!«, erklärte Tim. »Und er wollte eben mit den Details beginnen, als du hier reinkamst. Also setz dich hin und hör zu!«

Tibor verlor sichtlich Farbe im Gesicht und setzte sich. »Das muss aber heute Nachmittag wirklich nicht sein. Es ist Sonntag.«

»Was hat das denn mit dem Wochentag zu tun?«, wollte Andreas wissen. »Deinen Ex hat es bei seinen Turnübungen auch nicht gestört, dass heute der Tag des Herrn ist!«

Als ich Boris und Tibor so auf dem Sofa sah, wurde mir plötzlich klar, wo das Problem lag: »Boris, warum sagst du uns nicht erst, mit wem du diesen Dreier gemacht hast, bevor du uns sagst, ob er besser oder schlechter als eine Nummer mit zwei Frauen war?«, fragte ich unschuldig.

Sabine lachte laut los. Cleveres Mädchen. Sie hatte schon verstanden. Die anderen waren noch ahnungslos. »Eine Kassiererin aus dem Supermarkt neben der Kaserne«, meinte Boris. »Und Tibor. Damals wusste ich noch nicht, dass Tibor auf Jungs steht. Und er hatte immer erzählt, was für ein toller Hengst er wäre. Also sprach ich sie eines Abends an, als wir wieder Bölkstoff kauften, ob sie nicht Lust hätte, mit zwei geilen Typen eine Nummer zu schieben. Ich dachte eher, erst nehme ich sie, dann Tibor oder so, aber sie wollte richtig einen Dreier.« Er sah zu Tibor. »Stimmt's nicht?«, fragte er. Tibor nickte und sah aus, als wolle er jetzt ganz weit weg sein.

»Jedenfalls staunte ich nicht schlecht, als sich plötzlich ein Kerl an mir zu schaffen machte statt an ihr. Aber es war eine irre Nummer, wirklich.«

»Und dann?«, fragte Sabine ehrlich interessiert. »Was habt ihr dann mit ihr gemacht?«

»Das geht euch alle nichts an!«, preschte Tibor vor, bevor Boris antworten konnte. »Solche Details gehen niemanden etwas an. Das ist hier doch keine sexuelle Selbsterfahrungsgruppe.«

»Mich würde das schon interessieren!«, sagte ich. »Als wir zusammen waren, hast du immer gesagt, du würdest Dreier nicht mögen. Hättest du erwähnt, dass du eine Frau dazu haben willst, hätten wir auch das mal tun können!«

»Eric!«, zischte Tibor drohend. »Das warst doch garantiert du, der mit diesem Thema angefangen hat! Musste das sein?«

»Jetzt streitet euch doch nicht. Lasst lieber den anderen jungen Mann mal zu Wort kommen«, meinte Sabine.

Der Feuerwehrmann errötete leicht. »Bisher noch nicht, aber ich würde schon gerne mal. Aber lieber mit zwei Frauen.« Dabei sah er entschuldigend in die Runde.

Also war hier im Raum nicht ein einziger Mann, der nicht von Sex mit mehr als einer weiteren Person träumte. Und das bei einer durchaus wilden Mischung von Personen.

In 80 Prozent aller heterosexuellen Pornoproduktionen gibt es eine Sequenz, in der sich ein Kerl von zwei Mädels verwöhnen lässt. In 98 Prozent aller schwulen Episodenfilme turnen mindestens einmal wenigstens drei Jungs miteinander rum. Der Bedarf ist also da.

Das belegt auch eine Umfrage eines britischen Männermagazins. Danach träumen 79 Prozent aller Befragten von der berühmten Ménage à trois. Und immerhin 16 Prozent haben es sogar schon einmal getan. Leider stand nicht dabei, wie es den Jungs und wie es den Mädels gefallen hat.

Warum stehen Jungs auf Dreier? Ist es die alte Geschichte, dass Männer ihr Erbgut möglichst weit streuen müssen? Auf jeden Fall spielt auch der Mythos mit, dass ein ganz besonders toller Kerl ist, wer Sex mit mehr als einer Person gleichzeitig schafft. Ein wenig mehr Potenz als für die normale Nummer muss ja wohl da sein. Denkt man. Das schafft Respekt und Anerkennung im Rudel. Man sieht es ja auch in der Tierwelt: Da gibt sich ein echter Herden-Häuptling schließlich auch nicht mit nur einem Partner zufrieden. (Allen Männern gemeinsam ist im Übrigen auch die Selbstüberschätzung, die sie gar nicht auf die Idee kommen lässt, dass ihre Fähigkeiten im Bett den Ansprüchen mehrerer PartnerInnen definitiv nicht genügen könnten.)

Oder ob es vielleicht daran liegt, dass Männer einfach gerne im Mittelpunkt des Interesses stehen? Es ist zwar je nach Konstellation unterschiedlich, was mich an Sex mit mehr als einem Partner fasziniert, aber auf jeden Fall bin ich auf andere Weise wichtig als bei der traditionellen Zweiernummer. Das gilt sowohl wenn ich helfe, den Hormonhaushalt eines anderen Paares mit ein paar neuen Aspekten in Schwung zu halten, als auch wenn ich gemeinsam mit meinem Lover nach Abwechslung suche. In der Rolle als frischer Belag in der Mitte eines alten Sandwiches geht es mir fraglos um Bestätigung und Anerkennung. Wo sonst steht man im Mittelpunkt des Interesses von gleich zwei Menschen? Und Jungs lieben es einfach, verwöhnt zu werden. Als uns Muttern den Po puderte, lernten wir bereits, wie man die Aufmerksamkeit auf sich zieht.

Und in der Rolle als eine der beiden Brötchenhälften geht es um das Bedürfnis nach Frischfleisch und Abwechslung. Das belebt unsere Beziehung – inklusive der kleinen

Eifersuchtsanfällchen meines Partners während so einer Dreier-Session.

Und bei Hetero-Männern dürfte es – wenn die Scheu vor dem Tabubruch erst mal überwunden ist – ganz ähnlich sein, was die Motive angeht.

Sabine, die den Bekenntnissen der Männer gespannt gelauscht hatte, hob an: »Also, ich finde, wir sollten mal darüber sprechen, warum die meisten Frauen keinen großen Bock auf Dreier haben. Leider …«, fügte sie seufzend hinzu.

Aber nun reichte es unserem Gastgeber. Tibor griff zur Fernbedienung und startete die Lindenstraße. Dort diskutierte Mutter Beimer gerade mit irgendjemandem im Treppenhaus –aber sicher nicht über Sex zu dritt. Die Runde verstummte trotzdem. Alle sahen gebannt auf die Glotze.

Jungs haben Angst, für dumm gehalten zu werden

Museen sind langweilig. Zumindest die meisten. Während Sie mich jederzeit in eine Quiz-Sendung zum Thema »Die Welt der Comics« setzen könnten, würde ich bereits in der ersten Casting-Runde für die Wissens-Kategorie »Klassische Malerei« versagen. Über die Moderne oder womöglich die zeitgenössische Kunst weiß ich nichts. Schon das Lesen der Eintrittskarte würde mich hier weiterbilden.

Was also trieb mich an diesem grauen Mittwochvormittag in die Hamburger Kunsthalle, zu den Leihgaben einiger großzügiger Mäzene, die die Versicherung ihrer Kunstgegenstände nicht länger selbst bezahlen wollen? Nun, meine Stimmung war mau. Mein Liebesleben war trist. Mein Trainingsprogramm ödete mich an. Und für das Stadtführungskonzept, an dem ich arbeitete, wollte sich einfach kein zündender Gedanke einstellen. Da fiel mir eine Anzeige der Hamburger Tourismusbehörde auf: »Kultur in Hamburg – Kunst bildet«.

Der Text zurückhaltend freundlich. Bei mir jedoch kam folgende Botschaft an: »Banausen der Hansestadt, es wird Zeit, dass ihr etwas für eure Bildung tut!« Recht haben sie. Lernen schadet ja nie. Eventuell gibt ja auch die Kreativität anderer der eigenen einen kräftigen Schubs. Also schwang ich mich aufs Motorrad und gönnte mir einen Ausflug in die Welt der Kunst.

Meine erste Lektion an diesem Vormittag war wenig kulturell: Rucksack, Helm und sperrige Lederjacke werden in einem Museum nicht gern gesehen, denn in ihnen könnten Spinner Farbdosen oder Ähnliches verbergen, mit denen sie dann unerwünschte neue Akzente setzen. Um Sprühern und Banausen das Leben schwerer zu machen, haben die Planer Schließfächer im Eingangs- und Kassenbereich eingebaut. Die kosten einen Euro und sind zu schmal für einen Helm und darüber hinaus zu klein für einen Rucksack und Motorrad-Oberbekleidung.

Während ich mit der Dame hinter der Kasse über den weiteren Verbleib meiner Ausrüstung diskutierte und wir dabei recht erfolgreich um die Wette zickten, hatte sich hinter mir eine kleine Schlange Kunstbeflissener gebildet, die leise und drohend zischte. Bis eine mir bekannte Stimme ertönte: »Eric, du hältst hier alles auf. Willst du deine Sachen nicht einfach in meinem Auto deponieren?«

Ich drehte mich um und sah in die strahlenden Augen von Miriams Feuerwehrmann. Mehr als ein Nicken brachte ich im ersten Moment nicht heraus. Dieser Mann hat auf mich immer eine sehr deutliche Wirkung, er ist einfach zu attraktiv. Bekanntlich kann ich mir deshalb auch seinen Namen nicht merken. Etwas in meinem Gehirn blockiert die Speicherung dieser Daten. Sein Anblick führt zu einem Systemabsturz. Jedes Mal. Natürlich würde ich niemals auch nur Annäherungsversuche starten, schließlich ist er mit meiner besten Freundin liiert. Ich könnte allerdings für nichts garantieren, wenn meine Standhaftigkeit in einer Situation getestet würde, in der wir beide alleine wären. Was bisher noch nie vorgekommen ist. Außer in diesem Moment auf dem Weg in die Tiefgarage zu seinem Wagen.

»Was machst du denn hier?«, fragte ich. »Auch nichts Besseres eingefallen an diesem grauen Vormittag?«

»Das ist mein normaler Museumstag. Einmal im Monat in die Kunsthalle, in die Deichtorhallen, die …« Er machte eine kurze Pause. »Das hättest du nicht gedacht, was?«

»Dass du dich für Kunst interessierst?«

»Dass sich der dumme Feuerwehrmann weiterbildet«,

lachte er. »Gib mir deine Sachen, ich lege sie in den Kofferraum.«

Sein Hintern zeichnete sich unter der ausgewaschenen Jeans ab, als er sich über die Heckklappe beugte. Mein Mund öffnete sich etwas und ich sah wohl ziemlich debil aus.

»Da fällt dir nichts dazu ein, was?«, sprach er weiter. »Die wenigsten Menschen können sich vorstellen, dass ich auch etwas anderes kann als einen Schlauch halten.«

Was für eine Vorlage. Ich schluckte den Kommentar über meinen Schlauch und was er damit gerne tun könnte hinunter. Er rutschte nur sehr schwerfällig die Kehle hinab und verursachte Sodbrennen wie eine Flasche Tabasco. Als mir endlich klar war, dass er keine sexuelle Anspielung gemacht hatte, verstand ich, dass es hier nicht um Libido, sondern um Intellekt ging. Das mir. Und auch noch vorm Mittagessen.

»Dann lass uns mal unsere kleinen grauen Zellen in Wallung bringen«, sagte ich. »Mit dir kann ich mir ja die Führung sparen und du erzählst mir ein wenig über die ausgestellten Werke.«

Er strahlte mich an. Mit dieser Streicheleinheit hatte ich gerade zehn Punkte gemacht. Wahrscheinlich würde ich ihn von Oralsex überzeugen können, wenn ich ihm ins Ohr flüsterte, dass mich seine Intelligenz völlig willenlos mache. Alle meine Komplimente über seinen Körper und sein Aussehen, seinen Charme und dieses unglaubliche Lächeln hatten noch nie diese rundum zufriedene Reaktion bei ihm bewirkt. Offenbar war der Schlüssel in diesen Palast ein kleiner Minderwertigkeitskomplex.

Warum haben wir solche Angst, für dumm gehalten zu werden? Nun ja, Jungs wollen eben nicht für schlechter gehalten werden als andere. Selbst wenn wir alle wissen, dass die Rolle des Alpha-Männchens einfach nicht für jeden geeignet ist – wir möchten dennoch nicht gleich auf die Omega-Stufe herabgesetzt werden. Es gibt ja ausreichend Beta- und Delta-Tiere.

Und im Machtkampf um Revier und Harem zählen nicht nur die körperlichen Fähigkeiten. Auch die geistigen Qualitäten sind essenziell. Vor allem die attraktiven Jungs leiden unter dem Vorurteil, sie wären hübsche Hohlköpfe. Und klar sagen Jungs gerne »Dumm fickt gut!« – aber sie wollen es gar nicht gerne hören! Warum wohl funktioniert der Werbeslogan »Ich bin doch nicht blöd!« so gut? Weil er der Selbstwahrnehmung sehr direkt schmeichelt: »Günstig gekauft, Menschen halten mich für schlau, ich erweitere die Anzahl meiner potenziellen Sexpartner.«

Auf einer Party hörte ich einmal eine Frau ganz spaßig zu ihrem Freund sagen: »Ich hole uns schnell zwei Gläser Champagner und begrüße den Gastgeber. Du bleibst einfach hier stehen und siehst gut aus.«

In diesem Satz steckten – ganz ernsthaft – zwei wichtige Informationen: »Du gehörst mir und tust, was ich dir sage.« Und: »Ich will dich, weil du attraktiv bist und alle grün vor Neid werden, wenn sie dich sehen. Aber ich halte dich für zu dämlich, um mit meinen Freunden Small Talk zu führen.« Der arme Kerl war so eingeschüchtert, dass er sich an diese Anweisung hielt. Ich hoffte sehr, dass die kleine Blonde, die aussah wie Sarah Michelle Gellar in »Buffy« und ständig zu ihm hinüberlächelte, die Chance nutzen würde. Das wäre eine gerechte Strafe für die Sektdrossel gewesen.

Es hält sich ja hartnäckig das Gerücht, dass Mädels klüger seien als Jungs. Sorry, aber das ist ganz klar Unsinn. Jungs sind nur leichter zu verunsichern – und leichter abzulenken. Zeigt uns eine schöne Brustpartie und wir können nicht einmal mehr addieren und subtrahieren. Klar: In der Pubertätsphase sind die Damen uns in Sachen Schlauheit ein paar Monate oder manchmal sogar ein paar Jahre voraus. Das ist die Zeit, in der Phrasen wie »Blöde Weiber!« oder »Dumme aufgeblasene Hühner« durch männliche Gehirne schießen, wenn sie an das missglückte Grabschen auf der letzten dunklen Steh-Blues-Party denken. Vor allem, weil es den Mädchen in dieser Zeit oft an emotionaler Intelligenz und echter Klugheit mangelt. Nicht zufällig entdecken in dieser Phase etwa fünf Prozent der Jungs, dass sie schwul sind – und mindestens 25 weitere denken zumindest darüber nach. Mädels, seid also nicht so zickig, wenn ihr später noch die volle Auswahl haben wollt!

Auf einer Geburtstagsparty berichtete mir eine empörte Mutter einmal über den Streit ihrer – selbstverständlich überdurchschnittlich begabten, intelligenten und wunderschönen – Tochter mit einem gleichaltrigen Schulkameraden. Der war übrigens weder attraktiv noch smart, sondern ein Fall für die Couch des Therapeuten. Sagte die Mutter der Tochter. Die beiden 12jährigen hatten wohl keine Möglichkeit gehabt, an eine Playstation zu kommen, und sich deshalb am intellektuell anspruchsvollsten Brettspiel versucht, das je erfunden wurde: Schach. (Sie glauben gar nicht, wie viele Menschen es gibt, die sich nicht einmal die einfachsten Regeln merken können. Ich weiß zum Beispiel nie, auf welcher Seite die Dame und auf welcher der König steht. Aber ich bin in der Regel auch nach zehn Zügen matt.) Und die intelligente Tochter tat etwas sehr Unkluges: Sie gewann. Und zwar jede Partie. Zehnmal nacheinander. Während er bereits den Tränen nahe war, sonnte sie sich in ihrem Triumph und krönte ihn mit dem Satz: »Du bist einfach zu dumm für dieses Spiel.«

Das war eine offene Kriegserklärung. Mit Kastrationsabsicht. Wahrscheinlich hatte ihr Restinstinkt sie vor noch Schlimmerem bewahrt, denn eigentlich war ihre Aussage ja: »Du bist zu dumm für mich!« So flog dann das teure Brett mit allen Elfenbeinfiguren nur an die Wand – und nicht auf ihren Kopf.

Die geplagte Mutter erklärte mir empört, dass ihre Tochter beinahe das Opfer männlicher Brutalität geworden wäre: ein zartes Geschöpf, das sich nur auf intellektueller

Ebene habe messen und unterhalten wollen. Während der tumbe Kerl gleich wieder Gewalt habe einbringen müssen, um fehlende Argumente (bzw. Gewinn-Züge) auszugleichen.

Aber das ist falsch. Dem Nachwuchs-Macho fehlte es nicht an der Bereitschaft zu diskutieren. Er wusste nur nicht worüber. Was hatte er verstanden? »Du bist doof. Ich bin schlau. Deshalb habe ich kein Interesse an dir.«

Da war nun ein 12jähriger Junge, der viel lieber mit Freunden Fußball gespielt hätte, darauf eingegangen, das für Kinder des neuen Millenniums wohl langweiligste Spiel aller Zeiten zu lernen – aber doch nicht, um sich mit dem Mädchen zu messen! Er wollte sie vielmehr durch sein Opfer beeindrucken. Schließlich nahm er grässliche Langeweile auf sich und legte die Turnschuhe weg. Was aber tat sie als Dank? Sie verhöhnte ihn und wies ihn ab. Mit dem Argument: Zu dumm. Das sitzt und bleibt auf ewig im Gehirn verankert: Wer nicht schlau ist, darf nicht mitspielen. Und nicht ficken. Das Schlimme ist: Jungs sind in solchen Dingen ja wirklich sehr einfach gestrickt! Wer diese Angst vor der Enthüllung der vermeintlichen geistigen Unzulänglichkeit zu nutzen weiß, hat ein paar gute Trümpfe im Ärmel. Und muss sich auf fliegende Schachbretter gefasst machen.

Mein lieber Exfreund litt beispielsweise sehr darunter, wie meine Freunde mit ihren tollen Uniabschlüssen um sich warfen. Ein Doktor hier, ein Professor da. Alle diese Menschen wurden von Tibor behandelt wie Aussätzige. Er ließ nach den gemeinsamen Essen, die er mit allen Mitteln zu boykottieren versuchte, kein gutes Haar an ihnen. Sie waren in seinen Augen arrogante, vergeistigte Kotzbrocken und grässliche Schnösel.

Warum? Nach der Realschule war Ausbildung im elterlichen Betrieb angesagt, schließlich sollte das Familienunternehmen weiterleben, das die Altvorderen mit Schweiß und Tränen aufgebaut hatten. Da blieb keine Zeit für Kommunikationswissenschaften, Informatik oder Psychologie.

Der angebliche Makel: »Ich bin für diese Gesellschaft zu dumm!« ruinierte beinahe das Verhältnis zu meinem Freundeskreis. Dabei hatte er als Selbständiger mit einem eigenen Laden bewiesen, dass er mit Menschen sprechen kann, dass er mit Zahlen umzugehen und auf seine Mitarbeiter einfühlsam einzugehen in der Lage ist.

Der weitere Nachmittag mit dem Feuerwehrmann stellte sich für mich übrigens tatsächlich als sehr lehrreich heraus. Ich erfuhr mehr über die Bewegung »Blauer Reiter« und den Expressionismus als jemals in der Schule. Mein Begleiter genoss die Situation sichtlich. Ich hatte ihn nie so überschwänglich und begeisterungsfähig erlebt. Das Gefühl, dass er sein Wissen weitergeben durfte, ließ ihn sichtlich aufblühen. Über drei Stunden lang ließ ich mir Dinge erklären und zeigen, die ich vorher nicht wahrgenommen hatte. Ich muss unbedingt Miriam anrufen und ihr sagen, wie sie von ihrem Kerl alles bekommen kann. So wie er sogar mich anstrahlte, muss sie ihn dringend mal ins Museum begleiten und eine Führung von ihm buchen.

Jungs sind wehleidig

Die ganze Welt, sie stehet still,
weil sein schwacher Leib es will.

Schon einmal miterlebt? Er hat Schnupfen. Und er leidet. Als ob er sich ein tödliches tropisches Virus eingefangen hätte, das noch dazu unheilbar ist. Eigentlich ist er schon abgeschrieben. Und wenn er noch nicht sterbenskrank ist, dann fürchtet er, es zu werden. Schließlich »geht da ja gerade so ein Virus um«. Ob man nicht mal einen Tee ans Bett bringen könne, er sei schon ganz schwach und möchte sich eigentlich vom Sofa gar nicht mehr wegbewegen.

Abgesehen von der Tatsache, dass Viren in den seltensten Fällen etwas mit einer gewöhnlichen Erkältung zu tun haben, ist es schon bezeichnend, dass das starke Geschlecht vor allem in den Wintermonaten zu einer Horde Hypochonder oder Jammerlappen mutiert.

Neulich morgens wieder: Mein Wecker klingelte um 6 Uhr 30. Sie wissen, im Januar bedeutet das: stockfinstere Nacht. Ich betone das, weil zumindest mein Organismus im Normalfall Sonnenlicht zur Stabilisierung des Herz- und Kreislauf-Apparats benötigt. Umso bewunderungswürdiger, was ich dann mache: nämlich aus dem Bett direkt in die superschicke und extrateure, atmungsaktive Winter-Laufkleidung springen und weitestgehend ohne Einsatz des Gehirns in die Laufschuhe, Mütze und Handschuhe an (den Schlüssel nicht schon wieder vergessen!) und raus aus der Tür. In der Kälte wird schlagartig das Gehirn wach und sendet Paniksignale an den Körper: »Was soll das? Eben war es noch so warm und nett? Hilfe!« Die Kunst ist es nun, diesen Fluchtbefehl so zu steuern, dass es nicht die Treppe wieder hinauf, sondern in Richtung Laufstrecke geht. Mit der Taktik habe ich meinen Körper schon oft überlisten können.

Allerdings hilft auch, dass ich mich zu den frühen Laufterminen in der Regel mit Chris treffe, einem anderen Sport-Verrückten, den ich vergangenes Jahr beim Hamburg-Marathon kennen gelernt hatte. Er bot mir bei Kilometer 41 einen Keks an. (Für die Nicht-Marathon-Kenner: Das ist kurz vor der Ziellinie bei 42,2 km und entgegen allen Gerüchten nicht die Stelle mit dem Hochgefühl »Runners High«, sondern der Zeitpunkt, wo man den Passanten, die einen mit »Nur noch tausend Meter!« anfeuern, bei ausreichender Puste anbrüllen würde: »Seid ihr irre, wisst ihr eigentlich, wie lang das noch ist?«) Jedenfalls: Ich verliebte mich auf der Stelle in ihn. Zum Dank wollte ich mich mit einem Abendessen revanchieren (Ja, meine selbst gemachte Pasta, die eigentlich immer zum Ziel und ins Bett führt. Und nein, ich verrate Ihnen das Rezept nicht!): Doch Chris stellte sich als heterosexuell heraus. Und lebte in einer langen Beziehung mit Nina, die er immer als »meine Lebensgefährtin« vorstellte. Da wollte ich mich wirklich nicht dazwischendrängen. Dennoch ist es frühmorgens ein hoch motivierender Gedanke, Chris' Hintern und die kräftigen Beine in den knackengen Laufhosen vor sich wackeln zu sehen. Also begannen wir, gemeinsam zu trainieren. Naja, irgendwas muss den Kreislauf in Schwung bringen, wenn schon das Sonnenlicht fehlt!

Genauso wollte ich es auch neulich machen. Der schrillste Wecker der zivilisierten Welt brüllte wieder in mein Ohr. Ich signalisierte den Synapsen: »Ruhe bewahren. Alles in Ordnung!« und bereitete mich auf mein perfekt organisiertes Täuschungsmanöver vor. Die Schuhe waren gerade zugeschnürt, als das Telefon klingelte. Um 6 Uhr 35 ruft mich niemand an. Es würde keiner wagen. Wozu auch. Zusammenhängende Sätze von mir sind um diese Zeit wirklich nicht zu erwarten. Es musste also einen wichtigen Anlass geben. Ich nahm ab. Und am anderen Ende meldete sich Chris.

»Bist du schon losgelaufen?«

»Wohl kaum. Sonst hättest du mich ja nicht mehr erreicht«, knurrte ich.

»Das ist gut.« Tiefes Schnaufen. »Ich kann heute nicht mitlaufen. Ich bin krank.«

Im Hintergrund hörte ich Ninas Stimme. »Er ist sogar schon fast tot!«, rief sie. »Ich sollte ihm heute Nacht den Notarzt rufen. Kannst du dir das vorstellen? Wegen einer Erkältung!«

Chris hustete einmal kräftig in den Hörer. »Einfach nicht zuhören. Eric, du weißt doch, wie sie ist: Kein Mitleid mit einem kranken Mann. Frauen sind nicht einen Millimeter sensibel, wenn es nicht um sie selbst geht. Außerdem sind sie selbst ständig krank. Wie oft höre ich wohl im Monat: ›Es geht mir heute gar nicht gut. Sei lieb zu mir!‹ Ich kann es gar nicht zählen. Aber wehe, ich möchte mal ein wenig Aufmerksamkeit und eine heiße Milch mit Honig.«

»Genau so, wie seine Mutter es ihm immer gemacht hat!«, rief Nina wieder dazwischen. »Allerdings war er da fünf Jahre alt und zu klein, um an die Herdplatten zu kommen. Jetzt trainiert er für einen Marathon, aber er ist zu schwach für den Weg vom Schlafzimmer in die Küche!«

»Ich telefoniere gerade!«, fauchte Chris los. »Kannst du dich vielleicht mal eine Sekunde zurückhalten? Hab doch mal ein bisschen Verständnis! Entschuldige, Eric. Ich weiß nicht, was sie heute hat.«

Wie erwartet folgte der weibliche Aufschrei der Empörung: »Sie konnte die ganze Nacht nicht schlafen, weil ihr Mann jammerte, als wäre der Pfarrer für die letzte Ölung bereits vorbeigekommen! Wie ein griechisches Klageweib! Nimm dir ein Beispiel an deinem schwulen Freund: Den habe ich noch nie so winseln hören!« Ich hörte eine Tür schlagen. Und ein paar Gläser klirren.

Eine verständliche Reaktion. Ich muss nämlich gestehen: Wehleidige Männer kann ich auch nicht ausstehen. Mein Ex beispielsweise: Er hatte die Konstitution eines Pferdes und war eigentlich nie krank. Aber eben nicht immer. Merke: Wer immer gesund ist, kann nicht zwischen einem Schnupfen und einer Grippe unterscheiden, wenn es ihn dann doch einmal erwischt. Da kann es schon einmal passieren, dass ein kleiner Huster bereits als erstes Indiz einer drohenden Tuberkulose gewertet wird. Das gilt selbstverständlich auch für andere Zivilisationskrankheiten: Da wird ein leichtes Ziehen in der Brust als nahender Herzinfarkt gewertet.

»Sie ist weg«, flüsterte Chris. »Endlich.«

»Also, du willst heute nicht laufen«, brachte ich mich wieder ins Gespräch ein.

»Was heißt hier, ich will nicht?! Ich kann nicht! Unmöglich. Ich habe Husten, Schnupfen und alles tut mir weh.«

»Ok.«

»Ok?«

»Ok!« Was wollte er denn hören? Meine Güte, ich hatte meine Nachtruhe vorzeitig beendet, wäre bereit gewesen, meine Gesundheit aufs Spiel zu setzen, damit er seinen Trainingsplan einhält – und dann sagt er buchstäblich in der letzten Sekunde ab. Sollte ich jetzt »Danke!« sagen?

»Kein: ›Gute Besserung!‹?«, beantwortete Chris meine Frage, als hätte er meine Gedanken gelesen.

»Sorry. Natürlich: Erhol dich und hoffentlich geht es dir bald wieder besser«, fügte ich pflichtschuldig hinzu.

»Du bist jetzt aber nicht beleidigt, oder?«

»Wieso das denn?«

»Du klingst so.«

»Naja, ich bin noch nicht so recht wach«, entschuldigte ich mich. »Und da kann ich noch nicht diskutieren.«

»Was gibt es denn zu diskutieren? Ich bin krank und bleibe zu Hause. Das ist eine Feststellung, keine Grundlage für eine Talkshow!«

»Chris, das habe ich verstanden. Dir läuft die Nase und deshalb läuft sonst nichts. Das ist schon ok«, knurrte ich. Langsam begann ich Nina zu verstehen.

»Ich erinnere dich daran, dass du in den vergangenen Wochen nicht *einen* Intervall-Lauf machen wolltest, nein, entschuldige: *konntest*, weil dir deine Beine aus irgendwelchen Gründen nicht gehorchten und irgendwelche Sehnen schmerzten. Kaum wollte ich das Tempo anziehen, quakte es von hinten: ›Nicht so schnell, nicht so schnell, mir tut alles weh!‹ Das war auch kein Spaß!«, zickte Chris zurück wie Blanche Devereaux.

»Meine Beine schmerzten, weil ich die Muskeln überanstrengt hatte. Und du willst mir doch wohl nicht vorwerfen, ich sei wehleidig?«

»Du hattest auf einer diesen wilden Partys deine Füße in den Kronleuchter gehakt. Und der einzige Muskel, der sich überanstrengt hatte, war wahrscheinlich …«

Nun war es aber genug. »Erstens: Ich war ein einziges Mal auf so einer Party und wir werden künftig beim Laufen über andere Dinge sprechen. Das verspreche ich. Und zweitens: Ich bin trotz Schmerzen aufgestanden und mit dir gelaufen. Und habe nicht mitten in der Nacht jammernd abgesagt.«

»Wer jammert denn hier?«, fragte Chris empört. »Du kannst doch gerne heute Morgen alleine laufen. Du meckerst nur rum, weil du alleine nicht genug Antrieb hast und weil du dir nämlich garantiert auch gestern Nacht wieder irgendwelche Blessuren eingefangen hast, die dich heute vom Training abhalten könnten. Ohne mich würdest du doch jammernd zu Hause untätig auf deinem Hintern sitzen. Aber heute …« – und er brach mit ersterbender Stimme ab.

Warum nur sind Jungs so wehleidig? Wenn man Studien Glauben schenken darf, sind sowieso nahezu alle Männer Hypochonder. 79 Prozent aller im Auftrag von *Men's Health* befragten Männer gaben an, dass sie im vergangenen

Jahr Vitamine, Mineralien, Enzyme oder andere Supplements zu sich genommen haben. Hintergrund: Sie wollten sich vor Krankheiten schützen oder kleine Wehwehchen damit kurieren. Der Stellenwert von Gesundheit wird Sie möglicherweise erstaunen: 17 Prozent bezeichnen einen leistungsfähigen Körper als ihre Vorstellung von Erfolg. Im Vergleich dazu: Nur ein Prozent mehr definieren sich in dieser Frage über ihren Beruf!

Ich glaube, dass Jungs – völlig egal, ob Heteros oder Schwuppen – nur deshalb so wehleidig sind, weil sie Aufmerksamkeit brauchen. Denn eigentlich ist bei einer Erkältung nicht das Immunsystem in Mitleidenschaft gezogen worden, sondern die zum männlichen Wohlfühlen unbedingt erforderlichen Streicheleinheiten haben ein bedrohlich niedriges Niveau erreicht.

Da Kerlen Schwäche nicht zugestanden wird – bzw. weil sie sich einreden, dass die direkt ausgesprochene Bitte um mehr Aufmerksamkeit von Partner oder Partnerin als Schwäche interpretiert würde –, holen sie sich ihre Ration Zuwendung einfach durch lautes, aufdringliches Jammern, das nur ein Tauber überhören könnte. Denn es geht ihnen ja so schlecht, dass sie den Sensenmann hinter jeder Ecke wittern.

In diesen Momenten fallen Jungs vollständig in die Baby-Phase zurück: Da sie ihre Bedürfnisse nicht in ganzen Sätzen formulieren können, greinen sie so lange, bis Mama oder Papa den Kleinen auf den Arm nehmen und schaukeln.

Wie jetzt das morgendliche Lauftraining weiterging, wollen Sie wissen? Da wir nach Ninas Rückzug unter uns waren, konnten wir auf das Jammern irgendwann verzichten.

»Eric?«, fragte Chris.

»Ja?«

»So schlimm ist die Erkältung eigentlich nicht. Ein wenig langsamen Dauerlauf traue ich mir schon zu. Also, ich könnte in 30 Minuten am Treffpunkt sein.«

»Ich brauche 25 Minuten. Beeil dich.«

Na also. Geht doch.

Obwohl, so ganz glücklich war ich nicht. Denn mein rechtes Knie tat wirklich etwas weh. Aber nicht von Sexspielen im Lichtwerk, sondern vom Motorradfahren bei kalter Witterung. Da kriege ich manchmal so ein Ziehen im ganzen Bein – ob das auch ein Tumor sein könnte? Ich muss mich dringend mal zur Computer-Tomographie anmelden.

Jungs lieben Superhelden

»Erinnerst du dich eigentlich noch an unsere Superhelden-Phase?«, fragte ich unvermittelt in den Hauptgang des Menüs.

»Ups.« Ralf sah erschrocken von seinem Teller auf. »Das werde ich nie vergessen. Meine Güte, wenn ich mir das heute vorstelle. Aber du hast doch niemandem davon erzählt, oder?«

»Keine Sorge. Viel zu peinlich«, beschwichtigte ich und konzentrierte mich wieder auf mein Essen.

Das Thema schnitten wir an diesem Abend auch nicht mehr an. Aber Ihnen kann ich es selbstverständlich nicht vorenthalten. Zum besseren Verständnis oute ich mich als Comic-Fan. Jeder Samstagvormittag läuft bei mir gleich ab: Nach ein wenig Training am frühen Morgen fahre ich in den Comic-Laden meines Vertrauens, hole mir dort meine wöchentliche Ration Bildergeschichten ab, setze mich in mein Lieblingscafé und versinke für zwei Stunden und etliche Latte Macchiato in die Welt von *Spider-Man* und *X-Men*.

Diese Mitteilung dürfte bei normalen Menschen bereits einige Fragen aufwerfen, die ich auch gerne beantworte. Zuvor jedoch eine kleine Einführung ins Thema:

Jungs wären gerne mehr, als sie eigentlich sind. Wenn wir groß sind, wollen wir ein berühmter Nobelpreisträger sein, Präsident der Vereinigten Staaten oder wenigstens so reich sein wie Bill Gates und so viel Sex haben wie Hugh Hefner. Ohne dabei so auszusehen! In der Pubertät reicht es uns, die Welt vom Bösen zu befreien und mit einem Körper aus Stahl durch die Lüfte zu fliegen. Dabei denken wir noch gar nicht an die wohl unverwüstbare Potenz eines Mutanten mit Selbstheilungskräften wie *Wolverine* von den *X-Men.* Oder an das Einfühlungsvermögen eines *Mr Fantastic* von den *Fantastischen Vier*, der alle Teile seines Körpers wie Gummi in Größe und Dicke nach Lust und Laune verändern kann. Aber manchmal träumen wir eben schon davon, uns von den anderen Tieren der Herde ganz weit abzusetzen, von den Jungs beneidet und den Mädels begehrt zu werden – oder umgekehrt!

Und als Erwachsene? Vor einigen Jahren wurden 2000 Männer in Australien gefragt, welche Superkräfte sie gerne besäßen, wenn sie sich eine aussuchen dürften. Jeder fünfte entschied sich für Unsichtbarkeit, fast ebenso viele wollten lieber fliegen können und jeder sechste entschied sich für Unsterblichkeit. Nur vier Prozent hätten den durch Wände und Kleidung dringenden Röntgenblick gewählt. Von wegen also: »Alle Jungs sind Spanner« – lasst uns ab und zu unsichtbar in die Umkleide, dann sind wir zufrieden.

Klar, auch Frauen wollen manchmal die Welt retten – aber in einem Nylon-Anzug? Mit Maske? Mit einem Cape? Wozu? Superhelden sind eine rein männliche Domäne. Das gilt für die Fans wie für die Kreativen. Unter den Textern, Redakteuren und Zeichnern der bekanntesten Serien und Figuren sind kaum Frauen. Und bei den Fans gilt: Er schleppt seine Freundin in *Spider-Man*, nicht umgekehrt. Sie geht mit, weil sie Tobey Maguire so niedlich findet. Er will Action und Spandex sehen – und vielleicht Kirsten Dunst. Aber vor allem, wie *Spidey* dem *Grünen Kobold* kräftig in den Arsch tritt.

Und nun zu Ihren Fragen. Zunächst die wichtigste: Ja, es gibt so viele Comics, dass man jede Woche neue kaufen kann! Das Geheimnis ist: In den USA erscheinen die meisten Comic-Serien monatlich. Die Auslieferung der einzelnen Serien ist allerdings so gestaffelt, dass jede Woche, immer mittwochs, genug Nachschub für die Fangemeinde im Comic-

Bookstore liegt. Und in globalisierten Zeiten leben auch in Deutschland Geschäfte davon, dass Jungs nicht auf die übersetzten Lizenzausgaben warten wollen, sondern frische, originale US-Ware von ihrem Dealer erwarten. Damit das auch reibungslos klappt, bestelle ich meinen Stoff beispielsweise drei Monate im Voraus aus einem dicken, knallbunten Katalog, den mein Händler dann an seinen Großhändler weiterreicht, der dann ordert und dem Verlag ermöglicht, entsprechend der Nachfrage die Auflage zu berechnen.

Nach diesem Ausflug in die Welt der Drogen-Beschaffung quält vor allem Frauen nun die Frage: Es gibt noch mehr Comics als *Spider-Man* und *X-Men*?

Oh ja. Führen Sie mich nicht in Versuchung, denn das würde den Rahmen sprengen. Sie haben wahrscheinlich durch die Kinofilme von *Batman*, *Superman*, *Hulk*, *Daredevil* gehört – und wenn Sie wie ich über 30 sind, auch vom *Silver Surfer*. Es gibt nahezu unendlich viele – und ich kenne die meisten: Seit etwa 17 Jahren gebe ich Woche für Woche etwa 50 Euro für Comics aus. Abgesehen davon, dass ich mir davon ein Haus hätte kaufen können, hätte ich es auch bauen sollen, denn meine Wohnung platzt aus allen Nähten, weil alle Räume mit Bücherschränken bis an die Decke voll gestellt sind.

Typischer, fassungsloser Kommentar eines Erstbesuchers: »Ich hätte nie gedacht, dass es so viele überhaupt gibt!« Staunend steht er dann vor der (limitierten!) Hardcover-Ausgabe von *Batman: The Long Halloween* und der gesammelten *The Sandman*-Bibliothek. Drei Stunden Blättern und Lesen später will er sich dann einen Koffer voll ausleihen, was ich selbstverständlich nicht zulasse. Als ich ihn zur Tür geleite, gebe ich zu, dass ich mir den Abend anders vorgestellt hatte. Aber Jungs sind von Superhelden-Comics einfach fasziniert.

Mit 10 Jahren las ich zum ersten Mal Hefte um *Spider-Man* und *X-Men*. Da sah ich Jungs, gerade aus der Pubertät, die irgendwie anders waren als die anderen, die andere Dinge vollbringen konnten, die von der Mehrheit missverstanden und manchmal sogar verfolgt wurden. Wenn das keine Analogie zum sich ankündigenden Coming-out war!

Soviel zum psychologischen Teil. Der Hauptgrund aber war ganz einfach: Die Jungs sahen einfach klasse aus. Hatten Körper wie griechische Statuen, und die Kostüme waren so hauchdünn, dass sich jeder Muskel abzeichnete. Bis auf den einen natürlich. Aber dennoch: Ein Blick auf *Spider-Man* – und mir war klar, wie mein Traummann auszusehen hatte.

Selbstverständlich konnte mein heterosexueller Sandkasten-Freund Ralf damit nicht so wahnsinnig viel anfangen. Sein Blick blieb eher bei den Heroinnen hängen. Was mir völlig entgangen war, während ich den Kerlen auf den Arsch starrte: Die Damen hatten auch nicht mehr an und zeigten all ihre Vorzüge unverdeckt durch knappe Bikinis und hautenge Trikots, die heute nicht einmal beim Aerobic getragen würden. Während ich mich also mit dem jugendlichen Side-Kick identifizierte – nein, ich erspare Ihnen meine Fantasien, wie das zwischen mir und *Batman* gelaufen wäre, hätte ich nur das *Robin*-Kostüm getragen –, projizierte mein Klassenkamerad *Supergirl* zum Playboy-Centerfold.

Trotz dieser unterschiedlichen Sehweisen waren wir begeisterte Sammler. Wir legten sogar manchmal das Geld zusammen, um uns genügend eindecken zu können. Und wir bastelten uns gemeinsam Kostüme, mit denen wir dann als die unerschrockenen Superhelden *Alpha* und *Delta* über die Dächer der Reihenhaussiedlung sprangen. Eigentlich waren das bunte Frottee-Schlafanzüge mit einem aufgeklebten Logo, einem breiten Gürtel für die vielen Geheimwaffen und einer alten roten Tischdecke, die als Cape dienen musste. Die Maske war aus einem schwarzen Satin-T-Shirt ausgeschnitten, welches meine Mutter ein halbes Jahr lang verzweifelt suchte.

Leider hatten wir keine Superkräfte. Das war natürlich ein Problem. Denn ein echter Superheld verfügt über besondere Talente, die ihn überhaupt erst befähigen, den bösen Buben auf die Mütze zu geben. Der besondere Stolz des Nachwuchs-Superhelden-Duos war ein Satz Funkgeräte. In einer Zeit, in der es noch keine Handys gab, war so ein batteriebetriebener Knochen für uns so etwas wie der heilige Gral der Kommunikation. Reichweite genau 500 Meter – also vom Dach des Hauses von Ralfs Eltern bis zum Garagendach, wo ich mein Superhelden-Fahrrad vor den Superschurken versteckte.

Die Treffen erfolgten ausschließlich im Sommer – und nach Einbruch der Dunkelheit. Das war zum einen viel geheimnisvoller, zum anderen war es einfach noch wärmer. Auch angehende Superhelden sind kälteempfindlich.

Weiteres Problem: Wir hatten keine Lösung für die Stiefelfrage gefunden. In den Comics sahen die Gummistiefel irgendwie viel besser aus. Und sind Sie schon einmal mit gelben Gummistiefeln an einer Regenrinne eine Wand hochgeklettert? Nein? Das ist kein Spaß. Abgesehen von den verräterischen Fußspuren am Putz: Sie haben auch keinen Halt. Das sieht dann gar nicht so elegant aus wie in den Fernsehserien!

Das größte Manko aber war, dass Helden natürlich jemanden brauchen, den sie retten können. Während ich da an die freie westliche Welt dachte, die aus den Klauen stalinistischer Schurken befreit werden sollte (Das hatte ich aus den James-Bond-Filmen gelernt!), wollte Ralf lieber ein hübsches Mädchen vor einem Superschurken beschützen, die dann dankbar und ergeben vor seinen Füßen sitzt und sich um seine Beine klammert.

Doch weder war in der adretten Reihenhaussiedlung ein CIA-Agent unterwegs, um Superhelden zu rekrutieren, noch waren junge Mädchen in Not. Hätte uns eine gesehen, wie wir in unseren Schlafanzügen über die Dächer huschten, sie wäre vor Lachen wahrscheinlich Asthmatikerin geworden. Überhaupt hatten wir wirklich Glück: Niemand hat uns jemals entdeckt. Und wir kletterten und sprangen zwei ganze Sommer!

Warum wir damit aufhörten? Die Abenteuer von *Alpha* und *Delta* waren einfach nicht so spannend wie die ersten sexuellen Selbstversuche der Pubertät. Und genau dabei halfen dann die knackigen Körper in den Comics wieder sehr gut! Aus *Delta* – Sie hatten nicht ernsthaft in Erwägung gezogen, ich hätte einen anderen Namen als *Alpha* gewählt, oder? – wurde übrigens ein erfolgreicher Manager bei der Deutschen Bank und ein liebevoller Familienvater. Ihm also hat das nicht geschadet.

Erlauben Sie mir noch eine letzte Anmerkung: Ralf, verzeih mir! Ich weiß, wir hatten uns versprochen, niemals einer Menschenseele davon zu erzählen, aber ich musste unsere Geheimidentitäten jetzt einfach lüften! *Delta*, bitte kommen!

Jungs lieben schnellen Sex

»Du kannst gerne wieder bei uns übernachten, wenn du in München bist«, bot mir mein guter Freund Ellis an, als ich ihm erzählte, ich würde übers Wochenende in meine bayerische Heimat-Metropole zurückkehren. »Ich wohne schließlich gleich am Englischen Garten. Da kannst du dann morgens den Hund zum Joggen mitnehmen (und ich eine Stunde länger schlafen) und abends sind es nur ein paar Minuten in den Park und du bist mittendrin im Getümmel.«

Sie denken jetzt vielleicht: »Aber abends ist doch in einem Park nichts mehr los. Wieso Getümmel?« Ich will es Ihnen erklären, denn auch meine beiden Gehirnhälften konnten bei dieser Information nicht sofort Information und Assoziation zusammenfügen.

Vielleicht haben Sie schon einmal davon gehört: In jeder größeren Stadt der Welt von Sydney bis Tel Aviv gibt es mindestens einen Open-Air-Treffpunkt, an dem sich die dort ansässigen schwulen Männer treffen, um mit bis dato wildfremden Geschlechtsgenossen Sex zu haben. Das funktioniert wie ein Selbstbedienungsrestaurant: Man nimmt, was in der Auslage liegt, und genießt gleich vor Ort. Oder in seltenen Fällen, wenn die Grünanlage in der Nähe einer viel befahrenen Straße gelegen ist, auch als Drive-In: also zur Mitnahme. Die wichtigsten Unterschiede zum Gastronomiebetrieb sind: Im Regelfall geht es ohne Geld zur Sache, und die Frische der Ware wird nicht vom Gesundheitsamt überprüft.

Eigentlich stehe ich ja bei sexuellen Themen oder Anspielungen selten auf dem Schlauch, aber dieser unvermittelte Hinweis auf das allnächtliche Treiben auf der Open-Air-Spielwiese meiner Gesinnungsgenossen verwirrte mich dann doch. Ebenso wie die Bilder, die in dieser Sekunde durch meinen Kopf schossen. Wie in einer Kamerafahrt zoomten meine Augen aus der Vogelsperspektive auf München zu, näherten sich dem Englischen Garten, zogen am Eisbach vorbei und folgten dann einer Gruppe Jungs, die wie in einer Prozession in Richtung Chinesischer Turm zogen. Und während ich ihnen noch in Gedanken hinterhertrabte, sah ich schon weitere Bilder: halbnackte Männer, die ihren sportlich-trainierten Körper lässig im Mondlicht einer lauen Sommernacht zur Schau stellten und sich um Aufmerksamkeit bemühten; schnelle Kontaktaufnahme an der Parkbank und ein wissendes Lächeln während des Weges zum nächsten blickdichten und unbesetzten Strauchwerk.

Im Bruchteil einer Sekunde war mein Gehirn von »Ich suche ein Hotel« auf »Ich suche Sex« umgesprungen. Und das alles nur beim Stichwort »Park«. Ist es nicht erstaunlich, wie schnell es gehen kann, den Pawlowschen Sex-Hund im Mann zum Bellen zu bringen?

»Was genau meinst du mit mittendrin?«, hakte ich nach. Vielleicht dachte Ellis ja doch an etwas ganz anderes?

»Nun mach hier nicht auf Mädchen!«, lachte er. »Ich spreche natürlich von der Cruising-Area am Eisbach. Dort, wo im Sommer alle Schwulen der Stadt bei Anbruch der Dämmerung stehen, um jemanden für anonymen Sex zu finden und die ganze Nacht durch wild übereinander herzufallen.« Es war ganz offensichtlich: Er meinte genau dasselbe wie ich: balzende und kopulierende Männer in freier Wildbahn.

»Du glaubst also, ich würde nachts in den Park gehen, um es dort in den Büschen zu treiben?«, fragte ich Ellis. Und klang dabei überzeugend empört und entrüstet, wie ich fand.

»Du wärst ja blöd, wenn du das nicht tätest«, antwortete mein heterosexueller Freund – und ich meinte, einen Anklang von Neid in seiner Stimme zu hören.

»Ich lerne meine Sexualpartner lieber in einer Umgebung kennen, die ein wenig romantischer ist«, sagte ich.

Ellis lachte: »Was wäre romantischer als so ein Mittsommernachtstraum?« Und nach einer kurzen Pause fügte er hinzu: »Ich würde da sofort und regelmäßig hingehen, wenn es so was auch für uns Heteros gäbe.«

Entschuldigung? Erstens hatte ich es hier doch mit dem Oberhaupt einer vierköpfigen, steuerlich bevorzugten und förderungswerten Keimzelle unserer Gesellschaft zu tun. Und zweitens: War das Verlangen nach Sex an öffentlichen Orten nicht eigentlich ein Vorrecht von Schwulen? Und gibt es für Heterosexuelle nicht Bars, Cafés und Landdiskotheken? Aber da war es, ganz offensichtlich: ein ungestilltes sexuelles Bedürfnis. Und vor allem, wer in der heimischen Höhle den Geruch von Fertigbrei und Windeln in der Nase hat, vermisst offensichtlich hier und da das Aroma von dichtem Unterholz. Alle Jungs sind eben Jäger und Sammler.

»Woher willst du eigentlich wissen, ob dir das gefallen würde?«, hakte ich nach. »Stell dir vor, es ist dunkel, manchmal siehst du am Rand des Wegs ein paar Frauen, die am Baum lehnen. Du kannst nur ihre Silhouette erkennen. Hier und da glimmt eine Zigarette in der Dunkelheit. Auf einer Parkbank sitzt eine Blondine, die dich über ihr tiefgeschnittenes Dekolleté hinweg anlächelt. Und im Gebüsch neben dir raschelt es. Du gehst näher und hörst leises Lachen, unterbrochen von tiefem Stöhnen…«

»Ob mir das gefallen würde?!«, unterbrach mich der brave Familienvater, außer Atem wie nach einem Lauf an der Isar. »Bist du irre? Natürlich! Glaubst du, nur Schwule stehen auf schnellen Sex ohne Verpflichtungen? Weißt du, wie satt ich es habe, in den angesagten und teuren Lokalen Cocktails ausgeben zu müssen und zum Dank falsche Telefonnummern von der Beratungsstelle für Anonyme Alkoholiker einzusammeln? Und falls die Nummer doch stimmt, ist erst mal der unendliche Dating-Dreischritt angesagt: Kaffee, Kino, kulinarische Exzesse – alles auf meine Kreditkarte! Ob es dafür dann auch Sex gibt: Das steht in den Sternen. Im Zweifel muss man erst einen AIDS-Test und dann ein Eheversprechen abgeben. So ist das doch wirklich kein Vergnügen! Ich will auch ficken dürfen, ohne dafür Zeit und Geld zu investieren!«

Da hatte ich aber wohl einen wunden Punkt getroffen. Ganz offensichtlich meldeten sich hier Neid und Missgunst zu Wort. Und das bei einem – ich muss das einfach nochmals betonen – nachweislich gutbürgerlichen, zivilisierten und glücklichen Familienvater. Wenn so schon ein Mann so reagiert, der mit 29 Jahren seine erste und einzige Ecstasy-Pille geschluckt hat und nicht einmal in dem darauf einsetzenden Zustand von debiler Geilheit den angebotenen Sex auf der Toilette annahm (von einer unglaublich hinreißenden 19jährigen!): Was glauben Sie wohl, wie dann männliche heterosexuelle Singles darüber denken?

Yep. Sie wollen es alle. Wenn Sie das nächste Mal den Satz hören: »Ich gehe mal schnell Zigaretten holen.« Oder noch schlimmer: »Ich drehe noch schnell zur Entspannung eine Runde im Park!«, dann seien Sie gewarnt. Nicht immer muss die Liebe zur Natur dahinter stecken!

Sie dachten wahrscheinlich, die armen schwulen Jungs müssten abends in den Park, weil die gesellschaftlichen Umstände die Männer in die Anonymität treiben? Ganz falsch. Selbst wenn die schwule Ehe mit Steuerersparnis für beide Partner und Adoptionsrecht für drei Kinder pro Partner durchgesetzt wäre: Die Männer würden immer noch die Parkreinigung zu beschäftigen wissen. Denn es macht ihnen einfach Spaß!

»Der bewegte Mann«-Autor Ralf König hat es in einem Interview einmal treffend beschrieben: »Stellen Sie sich einen Park irgendwo in Deutschland vor, wo nachts Frauen herumlaufen, die mit Männern Sex haben wollen. Ohne Verpflichtung, ohne Geld. Man müsste eine neue Autobahnausfahrt dafür bauen!«

Ob ich mich jetzt für Wohnung am Park oder luxuriöses Hotelzimmer entschied, wollen Sie wissen? Selbstverständlich für Ellis Einladung. Der Grund: Ich bin Patenonkel seiner zweiten Tochter. Und wenn die Kleine dann am frühen Abend ins Bett gegangen sein würde, könnte ich ja immer noch einen Spaziergang machen …

Jungs wollen einen tollen Körper

Seit einiger Zeit habe ich aus meinem Hobby einen Nebenjob gemacht: Ich jage Menschen um die Alster oder bewerfe sie mit Hanteln. Ich bin nämlich stolzer Besitzer einer Lizenz als Fitness- und Personaltrainer – kurz: der Lizenz zum Quälen. Da Autoren von ihrer geistigen Arbeit in der Regel nicht leben können und auch Seminare und Workshops nicht ständig gebucht werden, helfe ich nun in meiner freien Zeit meinen Kunden, ihre masochistischen Fantasien auszuleben – und dabei etwas für ihren Körper zu tun.

Zunächst hatte ich erwartet, vor allem in der Gruppe der »seit ihrer zweiten Scheidung sehr wohlhabenden, aber mittlerweile etwas weniger knackigen Enddreißigerinnen« zu akquirieren. Weit gefehlt. Es sind die Jungs zwischen 30 und 40, die mich buchen. Irgendwo zwischen Midthirties-Breakdown und der großen Vierer-Lebenskrise entdecken sie, dass es nicht reicht, von den erfolgreichen Sportjahren des vergangenen Jahrtausends zu erzählen. Sie wissen ja, wie viele Männer mit den Aktivitäten ihrer Jugend prahlen und sich allein dadurch fit fühlen. In der Sportmedizin gelten bereits Menschen, die nach sechs Monaten Pause wieder mit dem Training beginnen, als »Einsteiger«. Wenn Ihnen also jemand stolz berichtet, er sei auch einmal im Verein geschwommen, dreimal pro Woche drei Kilometer, dann fragen Sie ihn, wie lange seine Erholungspause seitdem war.

Aber seien Sie dennoch nett zu ihm. Denken Sie sich gerne »Anfänger«, aber sagen Sie das nicht laut! »Bei einer solchen Grundlage wird die Kondition ganz schnell wieder ihr altes Niveau erreichen«, klingt viel motivierender. Und Sie wissen ja, Lob und Anerkennung benötigen Männer wie Sauerstoff und Wasser.

Aber warum buchen die mich überhaupt? Da meine Kunden überwiegend heterosexuell sind, können wir davon ausgehen, dass dies nicht wegen meiner blauen Augen geschieht. Vor allem geht es den Jungs hierum: »Ich würde gerne hier und auch hier abnehmen und dabei Muskelmasse aufbauen. Ich weiß aber nicht, wie.«

Das ist schon ein Standard geworden. Wahrscheinlich auch, weil sie ahnen, dass das eigentlich nicht möglich ist. Und genau deshalb beauftragen sie mich: »Mach das Unmögliche möglich, dafür gebe ich dir Geld«, sagte einmal ein Kunde zu mir. Er war 38 und wog bei einer stattlichen Größe von 1,85 Meter völlig akzeptable 79 Kilo. Sein Problem: Etwa ein Viertel dieses Gewichts sammelte sich deutlich sichtbar an Po und Hüften. Der Rest des Körpers war eher schlaksig: sehr dünne Arme, kaum Bein-Muskulatur, und auch an der Schulter zeichneten sich statt Muskeln eher die Knochen ab.

Ich war versucht, die Vorlage aufzunehmen und zu kontern: »Wenn ich zaubern könnte, hätte ich ein Büro in Hollywood und sämtliche Schönheitschirurgen würden Killer auf mich ansetzen.«

Stattdessen blieb ich sachlich. »Natürlich können wir einen Trainingsplan mit einem hohen Anteil von Ausdauereinheiten erarbeiten, wodurch wir die Fettverbrennung ankurbeln«, erklärte ich. »Doch ist in einer solchen Phase ein gleichzeitiger Muskelaufbau für den Körper sehr schwer. Wer abnehmen will, muss mehr Kalorien verbrauchen, als er zu sich nimmt. Um Muskelwachstum zu fördern, benötigt der Organismus wiederum etwas mehr als ausreichend Eiweiß.«

Der Kunde sah mich ein wenig hilflos an und meinte dann: »Wie auch immer. Das ist mein Ziel und dafür investiere ich Zeit, Schweiß und Geld.«

»Sehr schön. Dann lassen Sie uns Ihrem Körper mal etwas Gutes tun. Sie werden sich schon in wenigen Wochen viel besser und gesünder fühlen«, versprach ich.

»Darum geht es mir nicht. Ich will nur einfach besser aussehen. Gesundheit und so interessiert mich nicht.«

Und schon waren wir im Geschäft. Das geht immer so.

Seit einiger Zeit sehen Jungs offenbar wieder in den Spiegel und erschrecken, dass der Kerl, der ihnen da entgegensieht, nicht viel Ähnlichkeit mit dem Mann aus der Nivea-Duschwerbung hat, den die Freundin so klasse findet. Vom Cola-Light-Model will ich gar nicht sprechen – der ist unser aller Feindbild. Und dass Brad Pitt den Waschbrettbauch zum Schönheitsideal erklärt hat, werden wir ihm nie verzeihen. Da nutzt es wenig, dass er als Wiedergutmachung seitdem in allen seinen Filmen aussieht, als hätte er in einer Mülltonne geschlafen. Brad, du hast unser Leben zu einem schweißtreibenden Dauertraining gemacht!

»Wollen wir eigentlich alle aussehen wie Brad Pitt?«, fragte ich meinen schwulen Freund Ben, als wir wieder im Studio Gewichte stemmten.

»Mir würde es reichen, wenn ich mit ihm ins Bett dürfte«, antwortete er. »Es genügt ja eigentlich auch, wenn einer von beiden diese griffigen Rillen unter den Rippen hat. Wir wollen schließlich nicht ernsthaft Wäsche dazwischen waschen, wenn wir uns aneinander reiben.«

»Also willst du keine Turner-Schultern, Schwimmer-Rücken, Ringer-Titten und Arnold-Arme?«

»Klar will ich das. Wer nicht?« Er beendete schnaufend die achte Wiederholung seiner Bizeps-Übung. »Sieh dich doch um. Die machen das doch alle nicht, weil es ihnen Spaß macht. Sie erhoffen sich damit mehr Sex mit attraktiveren Menschen.«

»Schöner ficken sozusagen«, meinte ich. »Meinst du nicht, es gibt auch Jungs, die das einfach nur machen, um fit zu bleiben?«

Er sah mich ungläubig an. »Von dir hätte ich so viel Naivität nicht erwartet. Oder rennst du bei Regen um die Alster, weil das Leben sonst keine Abenteuer mehr zu bieten hat?«

Diese Frage reichte ich tags darauf, beim Joggen, natürlich sofort an meinen Marathon-Partner Chris weiter.

»Wenn es jetzt aus Eimern schütten würde, wären wir doch trotzdem gelaufen, oder?«

»Keine Frage. Wir sind doch keine Warmduscher.«

Ich überhörte den doofen Vergleich. »Warum eigentlich?«

»Wir sind hart im Nehmen. Nur die Harten kommen in den Garten!«

»Warum eigentlich tun wir das, wollte ich wissen. Macht uns das Spaß oder wollen wir nur besser aussehen, wenn wir beim Sex in den Spiegel sehen?«

Chris sah an sich herunter und klopfte auf seinen flachen, muskulösen Bauch. »Mir macht der Erfolg des Trainings Spaß. Seit ich wieder in Jeansgröße 32 passe und ich das T-Shirt in die Hose stecken kann, ohne dass im Sitzen eine Speckfalte über den Bund quillt, habe ich mehr klasse Frauen kennen gelernt als in den Jahren zuvor.«

»Nur wegen Sport? Stehen die alle nur auf Sixpack und dicke Arme?«

»Klar mögen die das. Aber wichtiger ist: Ich merke, dass mich Frauen wegen meines Körpers attraktiv finden. Dadurch werde ich lockerer, wenn ich ausgehe, und kann viel besser flirten. Und so bekomme ich Mädels ins Bett, die mich vorher nicht beachtet hätten, weil ich verschüchtert in der Ecke stand.«

Nun war Chris in seinem ganzen Leben noch kein Mauerblümchen gewesen. Diese Behauptung können wir also getrost aus der Argumentationskette streichen. Dennoch: Das Gerücht, wir würden uns Sport antun, um uns selbst besser zu gefallen, ist nicht ganz verkehrt. Falsch ist jedoch die Annahme, dies geschehe ohne irgendwelche Hintergedanken, die wiederum mit anderen Menschen zu tun haben. Wir werden nämlich durch die bewundernden Blicke potenzieller Sexualpartner selbstbewusster. Und dieses Gefühl finden wir großartig. Das würden wir gerne den ganzen Tag haben. Vielleicht als Ausgleich dafür, dass wir Sex nicht 24 Stunden lang durchhalten können.

»Was sagt Nina denn zu diesen zusätzlichen Erfolgen?«, fragte ich beiläufig. »Weiß deine Lebensgefährtin, dass du dir nebenbei Ego-Streicheleinheiten abholst, während sie deine verschwitzten Sportsachen in die Waschmaschine wirft?«

»Natürlich hat sie davon keine Ahnung. Muss sie aber auch nicht, denn schließlich hat sie diesen Körper tagtäglich zu ihrer freien Verfügung. Teilen lernen wäre nichts für sie. Deshalb lebt sie besser in Unwissenheit.« Mit einem strengen Blick fügte er hinzu: »Und das soll auch so bleiben!«

Ich knurrte missbilligend. »Ich hoffe nur, sie quält sich und ihren Körper aus den gleichen Gründen und mit dem gleichen Erfolg!«

Frauenzeitschriften haben ja vor Jahren schon begonnen, ihren Leserinnen Komplexe einzureden. Mit großem Erfolg sogar, obwohl Frauen über genug Grips verfügen sollten, um das Prinzip »Bedürfnis wecken, Geld daran verdienen« zu verstehen und zu durchschauen. Und wenn Gehirnwäsche schon bei Mädels so gut funktioniert, dann stellen Sie sich mal vor, was die vielen Sportillustrierten und Jungs-Magazine – *Active Fitness*, *Men's Health*, *ProFitness*, *Muscles for Men*, *Fitness for Men* und wie sie alle heißen – mit den sensiblen, leicht beeinflussbaren Männer-Seelen anstellen: magersüchtige Extremsportler mit Hang zu Kohlehydrate- und Protein-Drinks an der so genannten »Eiweiß-Bar« im Fitness-Studio.

Ich habe bezüglich solcher Hilfsmittel wieder eine Umfrage für Sie: »Würden Sie für Ihren Traumkörper auch zu ungewöhnlichen Mitteln greifen?«, fragte eines dieser Body-fanatischen Blätter seine männliche Leserschaft. 35 Prozent aller Befragten outeten sich als regelmäßige Konsumenten von Nahrungsergänzungsmitteln. Darunter fallen alle Shakes, aber auch die Riegel, Ampullen und legalen Pillen. Mit dem verbotenen Kram, den man intravenös nimmt und der aus Kuhembryonen oder dem Testosteron männlicher Kampfschweine aus Weißrussland stammt, vergifteten sich überraschenderweise nur 12 Prozent.

Aber jetzt kommt der Tiefschlag: In der Altersgruppe zwischen 25 und 35 antworteten über 30 Prozent mit: »Ich kann mir einen Eingriff beim Schönheitschirurgen vorstellen.« Und die waren alle noch weit vor der 40er Verfallsgrenze, die jedes Mittel rechtfertigt.

Wenn wir uns jetzt noch die Hitliste der Körperteile vor Augen halten, die Jungs am liebsten in Perfektion an ihrem Spiegelbild sehen würden: Platz eins: Abdominals, die Bauchmuskeln (Danke, Brad!), Platz zwei: Pectoralis Major, die Brustmuskeln (oder Titten, wie auch die Dinger an den Jungs genannt werden, wenn sie genügend trainiert wurden), Platz drei: Biceps brachii, die Armbeuger (am liebsten rund wie Kanonenkugeln).

Sie wollen jetzt meine Schwachstellen wissen? Ganz klar: Bauchmuskeln (Brad, ich hasse dich!). Und die Arme könnten kräftiger sein. Die Schultern auch. Ebenso die Beine. Und da vor allem die Waden …

Entschuldigen Sie mich, aber ich denke, ich werde noch mal trainieren gehen heute!

Jungs können nicht Wäsche waschen

Andreas eröffnete sein neues Café und machte zur Feier des Tages den Tresendienst selbst. Und wie immer machte er eine gute Figur. Miriam sah ihm schmachtend in die Augen, ich freute mich jedes Mal, wenn er sich umdrehte.

»Wie gefällt es euch?«, fragte er. »Ist es nicht großartig geworden? Die Einrichtung hat Tim komplett selbst designt. Es lohnt sich, einen Innenausstatter als Freund zu haben!«

Wir nickten zustimmend. Unsere Blicke trafen sich und wir vereinbarten, unsere Verwunderung über die plötzliche Harmonie zwischen den beiden zurückzuhalten. Aber es ist schon erstaunlich, wie unwichtig jahrelange Probleme werden, wenn der Nutzwert des Partners auch außerhalb des (verwaisten) Bettes steigt. Und gute Designer sind teuer – wenn man sie mit Geld bezahlen muss. Aber wenn sie jede Art von Zuwendung bereits als Vergütung akzeptieren, hat man für einmal Sex pro Monat gleich ein ganzes Café eingerichtet und eine vierseitige Fotostrecke in »Gastro heute«.

»Wirklich sehr schön«, bestätigte Miriam. »Die japanischen Bänke und Tische sind sehr beeindruckend! Aber eure hellgrünen Schürzen beißen sich ganz gemein mit der Einrichtung und auch mit dem Logo. Warum habt ihr denn nicht einfach weiße gekauft?«

Andreas verzog das Gesicht, während er uns den Prosecco reichte. »Wir hatten weiße Schürzen gekauft.«

»Und dann habt ihr euch in der letzten Sekunde für grüne entschieden, weil ihr ein wenig Abwechslung für die Augen der Gäste bereitstellen wolltet?«, fragte ich.

»Nein. Ich habe die Schürzen vor dem ersten Tragen gewaschen.«

»Oh.«

»Leider zusammen mit dem günstigen neuen grünen Badetuch eines nordeuropäischen Möbelhauses.«

»Ein Handtuch und wie viele Schürzen?«, fragte ich.

»Alle zehn.« Andreas hob sein Glas und prostete uns zu. »Auf das neue Café – und auf eine Pille, die auch Männern die Fähigkeit verleiht zu waschen.«

Wir stießen lachend mit ihm an und machten Platz für die nächsten Gäste, die ein paar höfliche Worte über das zukünftige Café-Highlight Hamburgs gegen ein Freigetränk tauschen wollten.

Sie glauben wahrscheinlich, Jungs würden das Thema Wäsche einfach nicht ernst nehmen. Es abtun als unwichtigen Weiberkram, unter unserem Niveau, als lästige Pflicht, die wir am liebsten delegieren. Nicht ganz falsch, aber auch nicht ganz richtig. Ein paar Aspekte gibt es nämlich beim Waschen, da verstehen wir keinen Spaß. Weichspüler zum Beispiel. Völlig überflüssige Erfindung. Zugegeben, wenn die Dinger nicht im Trockner waren, sind sie mitunter sehr hart. Ich hatte schon Handtücher, die konnte man an einem Ende halten und sie ragten kerzengerade und steif wie unser bestes Stück in den Raum. Und man muss sich sehr zusammennehmen, wenn das Schmirgelpapier dann über die zarte Männerhaut reibt. Aber diesen ewig frischen Geruch nach April, Sommer oder Stadtpark brauchen Jungs einfach nicht. Und diese weichgespülten Handtücher nehmen überhaupt keine Feuchtigkeit auf. Da rubbelt man nach dem Sport verzweifelt vor der Dusche rum und bleibt doch nass. Und das Tuch trocken. Und wenn gar kein Argument mehr sticht, ziehen wir die Umwelt-Karte: Weichspüler sind Gift für die Umwelt. Selbst die mit dem blauen Engel, der ist doch sowieso nur gekauft!

»Du hattest doch genau gesehen, dass die Schürzen verfärbt worden sind«, meinte ich zu Miriam. »Niemals hätte unser Interior-Designer Tim sich einen solchen Fauxpas in seiner Schöner-Wohnen-Fantasie erlaubt.«

»Yep. Aber ich brauchte eine Bestätigung meiner Theorie, dass Jungs zu doof zum Wäschewaschen sind. Ein solches Blassgrün erkenne ich als Ergebnis eines männlichen Reinigungs-Projektes sogar im Dunkeln.« Sie zog ihren Jeansbund herunter und zeigte mir ihren Slip: schweinchenrosa. »Das kommt davon, wenn man zusammenzieht. Plötzlich verliert man die Kontrolle über seine Unterwäsche. Zwei Wochen eheähnlicher Gemeinschaft und bereits ein Kollateralschaden in Höhe von 600 Euro. Ich weiß nicht, ob sich das wirklich rechnet.«

»Der Feuerwehrmann wollte sich im Haushalt nützlich machen?«, fragte ich. »Und dabei hat er leider seinen roten Overall mit deiner teuren weißen Unterwäsche in die Trommel geworfen? Ich wäre gerne dabei gewesen, als er sich verschwitzt aus der Uniform schälte …«

»Du und alle Schwuppen der Stadt. Ich weiß. Als ich die Sachen in den Trockner packen wollte, hätte ich den begehrtesten Heterosexuellen der Feuerwache Süd beinahe bei Ebay an den meistbietenden Homo versteigert. Das waren meine besten und teuersten Schlüpfer. Vorher schneeweiß, jetzt pretty in pink.«

»Jungs können einfach nicht waschen«, sagte ich. »Dazu fehlt uns wahrscheinlich ein Gen. Oder wann in der Evolutionsgeschichte mussten sich Männer um ihre Unterhosen kümmern?«

»Witzbold. Eher verzichtet ihr darauf und tragt einfach nichts drunter. Früher dachte ich auch, dabei ginge es um einen maskulinen Showeffekt: ›Sieh, wie schön er baumelt!‹ Aber in Wirklichkeit spart ihr euch damit nur den Gang in den Waschsalon.«

Was uns übrigens nicht daran hindert, zum Baggern in den Waschsalon zu gehen. Seit Levis die berühmte Werbung mit dem damals blutjungen Nick Camen zeigte, der sich vor der Trommel auszog, strömten die Homos in die Münz-Center und hofften, dort ihren Traumpartner zu finden. Und weil die Mädels sich dasselbe erhofften, erfanden findige Event-Veranstalter die Single-Waschsalon-Partys – nach wie vor die einzige Situation, in der Männer freiwillig und ohne Murren den Wäschekorb tragen und sich mit freudigen Gedanken auf weniger als zwanzig Zentimeter einer Waschmaschine oder einem Trockner nähern.

»Was hast du eigentlich mit dem Feuerwehrmann getan, nachdem er deine Dessous-Sammlung in ein Flamingo-Nest verwandelt hat?«, fragte ich.

»Ich war mit ihm shoppen. Was dachtest du denn?«

»Und jetzt hast du wieder einen ganzen Schrank voll Schlüpfer.«

Miriam drehte sich vor mir. »Ein paar. Und eine Jeans von Prada. Die kann man auch prima mit rosa Unterwäsche tragen.«

Machen wir uns nichts vor: Bei Wäsche geht es um Aufgabenverteilung, um Hierarchie. Wer oben steht, macht Dinge schmutzig, aber nicht sauber. Das erledigen andere. Dass die Frage des Waschens eigentlich eine Machtfrage ist, fand ich früh heraus. Als ich mein Elternhaus verlassen hatte, um in der Großstadt mein Glück zu versuchen, besuchte ich die Heimat alle drei Wochen. Beim ersten Trip nahm ich den Bezug meiner Bettdecke, packte all meine schmutzige Wäsche hinein und stopfte den riesigen Sack in den Kofferraum des Honda Civic. Als ich zu Hause ankam, schleppte ich als Erstes den Wäschesack in den Keller und ließ ihn neben der Waschmaschine im Keller fallen. Dann genoss ich es, von Muttern bekocht zu werden. Zwei Tage später, kurz vor der Rückfahrt, ging ich in den Keller, um in der Kühltruhe nachzusehen, was ich wohl mitnehmen könnte. Der

Weg führte an der Waschmaschine vorbei. In der wirbelten gerade viele bunte Socken. Jedoch nicht meine. Die waren nämlich immer noch in dem Bettbezug-Sack, der jedoch ein wenig auf die Seite geschoben worden war, um Platz zu schaffen.

»Du hast nicht allen Ernstes geglaubt, ich würde das Wochenende damit verbringen, deine dreckigen Unterhosen zu waschen, oder?«, fragte meine Mutter, die wie das Lenor-Gewissen plötzlich hinter mir auftauchte. »Gibt es in der Großstadt etwa keine Waschcenter?«

»Doch, doch«, stammelte ich. »Aber ich dachte ... Du hättest ja was sagen können, dann hätte ich selbst ... Aber ist schon o.k. ...«

Sie grinste: »Du hattest auch nichts gesagt, als du deine Wäsche hier abgestellt hast. Oder habe ich es nur nicht mitbekommen?«

Wenn es je einen Abgang mit eingezogenem Schwanz gab, dann war mein Weg mit dem Wäschesack zurück zum Parkplatz meines kleinen Honda ein solcher. Hätte ich auch noch die Ohren hängen lassen können, ich hätte es getan.

Sie ahnen es: Ich habe niemals wieder auch nur ein Hemd zum Waschen mit nach Hause gebracht seitdem. Meine Rache war subtiler: Ich fuhr nur noch alle sechs Wochen zu meinen Eltern. Die Begründung war natürlich, dass ich das Wochenende zum Waschen brauchte.

Aber Machtprobe hin oder her: Jungs haben zu Wäsche einfach kein libidinöses Verhältnis. Nicht einmal zu Gucci und Prada. Der wundervolle, extrem teure und völlig unscheinbare schwarze Terry-Mugler-Pullover meines Ex Tibor sollte das an seiner 400 Euro teuren Faser erleben müssen. Irgendwer hatte ihn in den Wäschesack mit den schwarzen T-Shirts von H&M gepackt. Keine Ahnung, wer das war. Irgendwer mit einem Aufräum-Fimmel. Also nicht ich.

Da Tibor nicht einmal wusste, mit welchem Knopf

die Waschmaschine angeht, kümmerte ich mich mal wieder darum, dass der Wäschesack nicht aus allen Nähten platzte. Tibor glaubt vermutlich bis heute, es seien die Mainzelmännchen, die sich um seine Unterhosen kümmern. Nur die Hemden und die Designer-Hosen gab er in die Reinigung. Da durfte ich nicht ran.

Ich war schlecht gelaunt und packte die Trommel knallevoll mit schwarzen Fetzen, gönnte dem Kram 40 Grad, verzichtete auf den Schonwaschgang und gab dafür die volle Schleuderzahl, damit der Trockner später nicht so viel zu tun hätte.

Terry ist das erwartungsgemäß gar nicht gut bekommen. 40 Grad waren mindestens 20 zu viel. Und das Schleudern gab dem edlen Tuch den Rest. Ich hätte nicht gedacht, dass ein so teures Stück einen so schäbigen Lappen abgeben könnte: verfilzt, eingelaufen, verzogen, unbrauchbar. Wir hatten danach getrennte Wäsche und um seine Schlüpfer musste sich nun Tibors Mutter kümmern. Insofern hatte das Ableben des Pullis für mich durchaus einen Vorteil.

Andreas brachte die Prosecco-Flasche und goss noch mal nach. »Tim kommt gleich. Bitte nicht lachen, wenn ich ihm die Geschichte mit den Schürzen erzähle!«, bat er.

»Der Ausstatter weiß noch nichts von diesem Farbfleck in seinem Arrangement?«, fragte Miriam. »Das klingt nach einer Beziehungskrise, Andreas. Vielleicht solltest du schon einmal unten im Lager ein wenig Platz schaffen und ein paar Kerzen aufstellen. Ich fürchte, das wirst du abarbeiten müssen!«

Ein Tritt von mir brachte sie zum Verstummen. »Noch so ein Satz und ich lade deinen Feuerwehrmann zum Essen ein«, drohte ich. »Und ich warne ihn vor deinen dunklen Seiten, die ihn jetzt in der gemeinsamen Wohnung erwarten werden. Und dass Prada-Klamotten zur Wiedergutmachung nur der billige Anfang sind. In Wirklichkeit würdest du nämlich einen Ring erwarten!«

Miriam erstarrte. Andreas schaute uns verständnislos an und nahm die Flasche wieder an sich. »Kein Alkohol mehr für euch beide. Der bekommt euch nicht.«

Jungs gehen nicht zum Arzt

Es gibt Anrufe, die gleichen einem Hilferuf. Das sind genau diejenigen, die man schon am Klingeln erkennt: irgendwie schriller und bedrohlicher als normal. Und garantiert ohne Nummernkennung im Display.

Gestern wieder: Das Telefon riss mich aus den Vorbereitungen eines Workshops. Nachdem ich etwa zwei Minuten lang zugehört hatte, wie der Anrufbeantworter voll gesprochen wurde, nahm ich doch ab. Dabei wusste ich, dieses Gespräch würde mir mindestens viel Zeit, wahrscheinlich sogar Arbeit in Form von Mitgefühl abverlangen.

»Was machst du gerade?«, fragte Matthias. »Magst du nicht bei mir vorbeikommen und mich ein wenig aufmuntern?«

»Klar«, log ich selbstlos. »In einer Stunde kann ich bei dir sein. Ich beende schnell die Vorbereitungen für das Seminar morgen und fahre dann los.«

Kurze Pause. »Kannst du nicht schon in einer halben Stunde hier sein?«

»Warum nicht? Dann mache ich den Ablaufplan eben heute Abend.«

Ich holte also mein Motorrad aus der Garage und rief mir ins Gedächtnis zurück, wie nett Matthias mir geholfen hatte, als ich mich von meinem langjährigen Freund Tibor getrennt und einen Platz zum Schlafen gesucht hatte, weil ich die gemeinsame Wohnung meiden wollte. Am Ende durfte ich eine Woche lang mein Lager auf seinem Sofa im Arbeitszimmer aufschlagen, obwohl er gerade seine heutige

Freundin kennen gelernt und sicher andere Dinge zu tun hatte, als sich mein Gejammer anzuhören.

Ich war also moralisch verpflichtet und durfte seine Bitte auf keinen Fall abschlagen.

Der Hilferuf war offensichtlich berechtigt: Matthias sah gar nicht gut aus. Die eigentlich glänzend-schwarzen Haare waren stumpf und ich sah erstmals dicke graue Strähnen. Sein Gesichtsausdruck schwankte zwischen leidend und verängstigt, seine Körperhaltung sagte: »Lasst mich alle in Ruhe!« Die Augen waren bewegungslos, seine Stimmlage war ein tiefes trauriges Seufzen.

»Das Schlimme ist, wie sehr einem die eigene Sterblichkeit bewusst wird«, sagte er. »Wie schnell es gehen kann, dass alles vorbei ist, macht mir Angst. Wenn du nicht jetzt deine Träume lebst, dann wirst du es vielleicht nie mehr tun können. Wir haben ja nur so wenig Zeit. Und die sollten wir nicht alleine verbringen müssen.«

Oh Mann. Das klang noch furchtbarer als vermutet. Wie eine Schlusszeile aus der »Schwarzwaldklinik«. In welchem Schicksalsmagazin hatte er das denn gelesen? Ich befürchtete, er würde jede Sekunde in Tränen ausbrechen, und reichte ihm ein Taschentuch.

»Du verstehst mich doch, oder?«

»Natürlich!«, versicherte ich eilig. Dabei blickte ich auf die Uhr meines Telefons und hoffte inständig, dass mich irgendeine SMS hier rausholen würde, bevor die Grundsatzdiskussion über den Sinn des Todes und den Kreislauf des Lebens auch meine Stimmung in depressive Tiefen drücken würde.

Aber was war überhaupt passiert, um einen sonst so lebensbejahenden Menschen wie Matthias in ein Wesen voller Existenzpanik zu verwandeln, das todtraurige und vermeintlich tiefschürfende Songtexte deutscher Popbands zitierte?

»Ich werde sterben«, sagte er mit Grabesstimme.

»Was ist los?!«, fragte ich, jetzt ehrlich erschüttert.

»Die Ärzte haben bei meinem Vater Hautkrebs festgestellt. Sie machen noch einige Tests, aber schon nächste Woche beginnt die Chemotherapie. Und ich bin sicher, dass ich das geerbt habe.«

Ups. Das war natürlich ein Grund, die Sinnfrage zu stellen. Allerdings bezogen auf seinen Vater. Das sah er offenbar auch so.

»Ich weiß wohl, dass Kinder gewöhnlich ihre Eltern überleben. Und ich wollte meinen nicht antun, dass sie ein paar Hände voll Sand auf meinen Sarg werfen müssen. Doch wirklich darauf vorbereitet war ich nicht, meinen Vater zu verlieren.«

»Stehen denn die Chancen so schlecht?«, fragte ich. »Ist eine Heilung so unwahrscheinlich?«

»Die Ärzte haben sich nicht einmal auf 30 zu 70 einigen können. Ich habe wenig Ahnung von der Thematik, aber es klang so, als wäre der Einsatz der Chemo pro forma. Eigentlich geben sie ihm nur noch wenige Monate, maximal ein halbes Jahr.«

»Und wie geht es ihm? Ist er schon in der Klinik?«

Matthias lachte. »Der Mann ist golfen! In Miami! Er bekam die Diagnose und buchte sofort einen Flug. Er sagte: ‚Jetzt lasse ich es noch mal krachen!', kaufte zwei First-Class-Tickets und packte Muttern und Golfschläger in die nächste Maschine nach Florida. Dabei hatte er bisher furchtbare Angst vorm Fliegen.«

»Und wie geht es dir dabei? Was soll das mit dem Vererben?«

Er zündete sich eine Zigarette an und nahm einen tiefen Zug – völlig unbeeindruckt von meinem strafenden Blick.

»Das war mein erster Gedanke. ›Ist das vererbbar? Habe ich das auch?‹ Das musst du dir mal vorstellen: Da erfahre ich, dass mein Vater an einer tödlichen Krankheit leidet, und egozentrisch wie ich bin, habe ich nur Angst um mich! Der Gedanke lässt mich überhaupt nicht mehr los.«

»Aber das kannst du doch leicht rauskriegen – geh einfach zum Arzt und lass es checken.«

Eigentlich rechnete ich mit der typischen Männerantwort Nummer 1: »Zum Arzt?! Bist du verrückt?! Mir mein eigenes Todesurteil abholen? Außerdem – was soll ich dem Arzt denn sagen. Ich hab ja nix.« Aber überraschenderweise hatte Matthias sich bereits auf die Männerspur Nr. 2 begeben. Er lachte bitter und sagte: »Ich war schon bei einem Spezialisten, letzte Woche. Aber er war zu feige, mir die Wahrheit zu sagen, und hat behauptet, ich sei gesund. Ha!«

Jungs gehen nur aus zwei Gründen zum Arzt. Entweder sie können etwas Konkretes vorweisen oder sie haben eine fixe Idee. Konkret ist zum Beispiel ein beim Sport gebrochener Arm. Wenn sie sicher sind, dass der Arzt auf dem Röntgenbild etwas entdeckt (Knochen gebrochen) und wenn sie selbst schon genau wissen, was er dagegen tun wird (Eingipsen), ist ein Arztbesuch o.k., auch zum späteren Prahlen mit dem Gips und der eigenen Tapferkeit beim Einrenken.

Der zweite mögliche Grund ist die fixe Idee. Herbert, Geschäftsführer eines Krankenhauses in Hamburg und guter Freund, erzählte mir von einem Patienten aus seiner Zeit als Herzchirurg. Im Vier-Monats-Rhythmus war der 35jährige Mann bei ihm aufgeschlagen, um von einem starken Ziehen im Oberarm zu berichten. Trotz intensivster Untersuchungen ließ sich nichts feststellen. Die Symptome hatten begonnen, nachdem zwei seiner Geschäftskollegen einen Infarkt erlitten hatten. Für den eingebildeten Kranken stand fest: Er würde der nächste sein. Vier Jahre lang ging das so – und aus dem kerngesunden Mann wurde ein nervöses, gestresstes Häufchen Panik. Der Infarkt kam dann tatsächlich – eine sich selbst erfüllende Prophezeiung.

Und klarerweise sparen Jungs sich genau dann die Praxisgebühr, wenn sie sie investieren sollten. »Das bißchen Atemnot? Wegen so einer Bagatelle gehe ich doch nicht zum Arzt. Ich bin kerngesund. Mich haut so schnell nichts um.«

Leider lassen sich Jungs in keine der beiden Schubladen stecken, denn um das Leben für seine Umgebung interessant zu belassen, wechselt der Mann seine Reaktionen unvorhersehbar. Bei einem eingewachsenen Zehennagel oder einem grippebedingten Hustenreiz sucht er panisch nach der Police der Lebensversicherung, aber bei schmerzendem Blinddarm vertraut er auf die Selbstheilungskräfte seines Körpers und auf Klosterfrau Melissengeist.

Matthias und ich spielten übrigens den Rest des Abends »Erbschleicher«, ein Brettspiel über die gierigen Hinterbliebenen, die sich wegen Haus und Hof des verstorbenen Patriarchen gegenseitig zerfleischen. Ich hatte dabei die ganze Zeit wieder diesen merkwürdigen Druckschmerz hinter dem Auge. Drohender Grauer Star oder nur gereizte Bindehaut? Laser oder Kamille?

Jungs onanieren, obwohl sie Sex haben könnten

Ich musste unter die Dusche. Das Wetter war seit Tagen heiß, ich roch nach nassem, alten Hund. Sogar mit dem Laptop auf dem Sofa zu sitzen verursachte mir Schweißausbrüche. Aber Körperhygiene war nicht der einzige Grund: Die Sonne hatte mich rollig gemacht. Fragen Sie nicht warum. Der Kreislauf schleppt sich mühevoll durch den Tag, der Blutdruck ist im Tiefparterre, das Gehirn ist matschig – aber der Sexualtrieb sagt: »Hallo, da bin ich wieder. Die drei Minuten sind um!«

Dabei konnte ich mich über mangelnde Zuwendung nicht beklagen. Mein Lover aus Köln, Thomas, war am Abend zuvor nach einem gemeinsamen Wochenende in Hamburg zurück ins Rheinland gefahren und wir hatten uns die vergangenen beiden Tage wirklich erschöpfend amüsiert. Und für den Nachmittag hatte ich eine Verabredung, die durchaus zu einem erotischen Dessert führen konnte. Dennoch war mir genau jetzt nach Entspannung.

So wollte ich also Nützliches mit Unterhaltendem verbinden, drehte das Wasser auf und sang den alten Nina-Hagen-Song »Heiß«. Kennen Sie noch? »Ich war zu Hause unter meiner kalten Brause. Und da kam Herr Wichsmann unter meinen Wasserhahn. Ach, war das toll!« Ich will nicht ablenken, aber meine Sangeskünste sind wirklich erschreckend. Ich klinge wie Daniel Küblböck im Stimmbruch. Deshalb vermutete ich auch zuerst meinen empörten Nachbarn, als das Telefon klingelte. Ich sprang aus dem Bad. Da standen wir nun. Beide. Tropfend.

»Ist es bei euch auch so heiß?«, fragte Arnie, mein Kollege und Freund aus der Hauptstadt. »Ich zerfließe hier und bekomme einfach nichts auf die Reihe. Außerdem erwische ich keine Kunden. Die sind wohl alle an den Wannsee gefahren.«

»Dafür erwischst du mich gerade unter der Dusche«, sagte ich. »Vielleicht können wir ja nachher telefonieren? Ich rufe dich zurück?«

»Das habe ich schon zweimal gemacht heute. Bringt nichts. Danach bist du noch müder als vorher.«

»Mich weckt kaltes Wasser eher auf«, widersprach ich.

»Ich rede nicht vom Waschen. Du gehst doch unter die Dusche, um dir einen runterzuholen. Oder etwa nicht?«

Es geschieht nicht oft, aber jetzt war ich sprachlos. Hatte jemand eine Webcam installiert? Interessanterweise sank meine Begeisterung weder durch die Ablenkung noch durch die Vorstellung, beobachtet zu werden.

»Auch Heteros haben solche Bedürfnisse«, sagte Arnie. »Sogar wir werden bei Hitze rollig und gehen dann Erleichterung suchen unter fließendem Wasser. Das ist kein schwules Vorrecht.«

»Unvorstellbar«, maulte ich und betete, dass wir das Gespräch schnell beenden würden, solange sich meine Spielsachen noch freudig erregt zeigten.

Arnie ahnte auch das und lachte. »Keine Chance. Jetzt nicht. Ich brauche dringend die E-Mail-Adresse eines Kunden. Danach kannst du eine Runde ›Vier gegen Willie‹ einlegen.«

»Bei mir braucht es fünf Mitspieler, um Willie umfassen zu können. Und überhaupt: Was genau habe ich davon?«

»Dann bin ich dir einen Gefallen schuldig. Und du darfst dir etwas wünschen. Allerdings nichts, was meine sexuelle Orientierung kompromittiert!«

Ich überlegte einen Moment. »Ich recherchiere gerade über das Onanier-Verhalten von Jungs. Ich möchte wissen, wie oft du es machst und warum. Diese Infos gegen die Anbahnung eines Auftrages. Das wäre doch ein fairer Tausch.«

Mittlerweile hatte mein Kopf gegen die Libido gesiegt. Nichts ist ein größerer Lustkiller als das Gehirn. Dabei ist es auch gleichzeitig das größte Sexualorgan. »Eine Behauptung von Männern mit zu kleinem Schwanz«, meint hierzu meine Freundin Sabine. Vielleicht hat sie ja wirklich Recht.

»Darf ich dich zurückrufen, wenn ich mich abgetrocknet habe?«, fragte ich Arnie. Unter meinen Füßen hatte sich erwartungsgemäß eine Pfütze gebildet. »Dann bekommst du deinen Kontakt und ich meine Geschichte! Einverstanden?«

»Deal«, sagte Arnie. »Aber beeil dich. Und lass Willie in Ruhe!«

Nach einer Umfrage eines in vielen Ländern erscheinenden Männer-Magazins, das bei seinem Erscheinen liebevoll »Brigitte für Jungs« genannt wurde, onanieren 98 Prozent aller Männer regelmäßig. Frauen kommen an diesen Wert nicht annähernd heran; sie erreichen – bei großzügigster Auslegung des Begriffs »regelmäßig« – gerade mal 60 Prozent. Meine private Umfrage erreichte bei den Kerlen sogar die vollen 100. Aber das mag an meinen Freunden liegen. Mein Laufpartner Chris beispielsweise gab zu, dass er sogar schon nachts aufgestanden ist, um sich im Wohnzimmer rasch mit sich selbst zu beschäftigen, ohne seine Lebensgefährtin zu wecken. Dabei klagte Nina gerne und oft, dass die vielen Wettkämpfe und das ständige Training auf seinen Sexualtrieb negative Auswirkungen hätten. Da täuscht sie sich übrigens: Jungs wollen dann sogar noch öfter. Aber sie wollen es ausschließlich schnell und jetzt. Ohne Knutschen und Fummeln oder so. Also wird schnell eine Runde Handarbeit eingelegt.

Onanieren ist für Jungs wie Zähneputzen: gehört zum Tag dazu. Dauert nicht lange. Danach fühlt man sich irgendwie frischer. Darüber hinaus ist eine Rubbelrunde ein ideales Beruhigungsmittel. Kommt direkt nach Rohypnol. Was tun Jungs, wenn sie nicht einschlafen können? Genau. In schweren Fällen auch zweimal. Mein feierfreudiger Freund Ben erzählte, dass er sich nach einer langen Partynacht mit ausreichenden, extrem wach haltenden, illegalen Genussmitteln in wiederholten Anläufen sozusagen in den Schlaf onaniert hatte. Am nächsten Morgen schmerzte der Arm und das wunde Haupt seines Kleinen hatte schwer darunter gelitten, dass die Gleitcreme viel zu früh ausgegangen war. Doch dank der bei Jungs nach einem Orgasmus garantiert einsetzenden bleiernen Müdigkeit war er verhältnismäßig rasch in den dringend nötigen Regenerationsschlaf gefallen. Etwas, das Pharmazeuten in dieser Situation nur unter Verwendung von Melatonin oder sogar noch stärkeren Mitteln hinkriegen würden.

Wenn Jungs in der frühen Pubertät ihre Sexualität entdecken und beginnen, die Freuden der Selbstbefriedigung zu erfahren, können sie davon am Anfang nicht genug bekommen. Und sie finden schnell heraus, dass Sex mit sich selbst (und dann wohl auch der Sex mit anderen) nicht auf eine Tageszeit (also nachts) oder einen Ort (wie das Bett) beschränkt ist. Bei mir begann damals eine wilde Phase des Übertrainings. Ich tat es überall: im Keller, im Bad, im Auto auf dem Rücksitz während einer langen Fahrt (ich weiß bis heute nicht, ob meine Eltern das bemerkt haben und zu geschockt waren, um es anzusprechen), im Schulklo (alleine) oder im Gäste-WC bei Freunden.

Diese Wisch-und-Weg-Phase hielt relativ lange an und endete nicht etwa mit dem ersten sexuellen Erlebnis mit einer anderen Person. Im Gegenteil. Die Erinnerungen an diese Premiere kontrollierten umgehend den Blutfluss in meinem Körper und bildeten die Grundlage fast aller Onanier-Fantasien der folgenden Jahre – und ich erinnerte mich ständig.

Nachdem ich trocken und angezogen war, suchte ich die gewünschte Adresse heraus und meldete mich wie versprochen bei Arnie.

»Dann hilf mir mal bei meinen Recherchen!«, sagte ich. »Wie oft legst du als sexuell umtriebiger heterosexueller Single Hand an?«

»Eigentlich täglich.«

»Auch wenn du an diesem Tag schon Sex mit einer Frau hattest?«

»Klar.«

Eine klare Bestätigung der vorhin erwähnten Umfrage. Jedoch muss natürlich bedacht werden, dass Jungs gerne mit ihrer vermeintlichen Potenz angeben und prahlen. Denn womit beeindrucken Y-Chromosom-Träger am liebsten? Unendliches Stehvermögen. Kein Mann würde die Frage nach der Zahl seiner möglichen Ejakulationen freiwillig niedriger ansetzen als der Durchschnitt.

Auch hierin unterscheiden sich unsere homo- und heterosexuellen Mitbürger selbstverständlich nicht. In beiden Lagern herrscht uneingeschränkt die Meinung vor, dass der tollste Hecht im Teich der ist, der die meisten Begattungen hinlegen kann. In der Sauna am Montagabend kann man von Schwuppen wie von Heteros die gleichen Geschichten hören: drei verschiedene, aber nur die Besten, dann vier Mal hintereinander und das an einem Wochenende. Wir glauben uns das selbst nicht, keine Bange. Aber wir tun so, als wäre es die Wahrheit. Deshalb ist jede Umfrage zum Thema Potenz natürlich mit größter Vorsicht zu genießen.

»Du übertreibst jetzt auch nicht?«, fragte ich vorsichtig.

Arnie lachte. »Das habe ich nicht nötig!«

»Und warum gehst du dann nicht öfter mit jemandem ins Bett, wenn dir so oft nach Sex ist?«

»Weil das gar nicht nötig ist. Mir reicht es völlig aus, mal schnell Handbetrieb zu machen. Das ist wie der Kaugummi nach dem Essen, wenn keine Zahnbürste da ist.«

Als Zugabe erzählte er mir noch von seinen ersten Erfahrungen mit der Liebe mit sich selbst. Reinlich wie er war, begann alles unter der Dusche. Im elterlichen Badezimmer richtete er den Brausestrahl experimentierfreudig wie einst Albert Einstein (und bald mit ebenso heraushängender Zunge) auf die Spitze des hart werdenden Dödels, worauf er nach nur wenig Wartezeit ein wohliges Schauern spürte und meinte, soeben in die Wanne gepullert zu haben. Denn so ähnlich fühlte es sich an. Aber große Überraschung: kein gelbes Rinnsal, das sich eventuell Richtung Abfluss schlängeln würde. Die Unerklärlichkeit dieses Vorgangs hielt ihn nicht davon ab, ihn von da an täglich zu wiederholen. Bis er eines Tages den Duschstrahl mit der Bettdecke betrog, diese dann mit dem Massagegerät der Mutter und mit zunehmender Erfahrung wurde auch dieses Hilfsmittel von ausgefalleneren Errungenschaften der modernen Zivilisation abgelöst.

Sie sehen, wie einfallsreich Jungs werden können, wenn es um die Selbstbefriedigung geht! Wer glaubt, das ginge nur nach dem Rauf-Runter-Rubbel-Prinzip, täuscht sich gewaltig. Und wie wir die Abwechslung suchen. Mein prüder Vater, der mich lieber lateinische Vokabeln abfragte, als mit mir über Sex zu reden, gab mir als Rechtshänder mal den Tipp: »Nimm dann und wann die Linke. Das täuscht eine Fremdhand vor.« Da war ich gerade zwölf geworden und spielte im Urlaub wohl zu häufig gedankenverloren mit dem Inhalt meiner Badehose. Wahrscheinlich piekten die ersten Haare, die dort wachsen wollten.

Der Drang zur Onanie ist bei Jungs übrigens so stark, dass keine Drohung, keine Gruselgeschichte uns davon abhalten könnte: Das erste längere Gespräch zum Thema Onanie führte ich nicht mit Freunden oder womöglich meinen Eltern. Nein. Es war der Onkel meines Vaters, der mich auf meine frisch erwachte Sexualität ansprach. Ein katholischer

Priester. Und ich glaube, der unsympathischste Mensch, den ich in meinen ersten zwölf Lebensjahren hatte ertragen müssen. Vielleicht ahnte der Mann aus Gründen, die ich nur vermuten kann und die er gottlob mit ins Grab genommen hat, von meiner tragischen Veranlagung. Jedenfalls bemühte er sich nachdrücklich, mir den Spaß zu verderben.

Mein Vater hatte mich zu ihm geschleppt. Dabei mochte er ihn selbst nicht. Aber Papa war überzeugt, dass familiäre Bande wichtig seien. Deshalb also fuhren wir in die winzige Gemeinde, in der der Großonkel das Zepter schwang. Zuerst musste ich natürlich die Messe ertragen. Inklusive einer Predigt über den Verfall der Sitten. Ich glaube, damals war die gesellschaftliche Diskussion über eheähnliche Gemeinschaften in vollem Gange. Eine Vorstellung, die dem dicken Mann in der Kanzel die Zornesröte ins Gesicht steigen ließ. Voller Inbrunst wetterte er gegen die Untergrabung des heiligen Sakraments der Ehe. Und mit demselben Eifer erklärte er mir beim anschließenden Mittagessen zwischen wässriger Nudelsuppe und zähem Tafelspitz die gesundheitlichen Nachteile der Selbstbefriedigung. Die genauen zu erwartenden Krankheiten und Bestrafungen im Leben und Fegefeuer habe ich längst aus dem Speicher gelöscht und mit wirklich wichtigen Informationen überschrieben. Es war wohl das übliche Bla vom schwindenden Rückenmark, grässlicher Akne, krummen Beinen und eingefallenen Wangen. Jedoch erinnere ich mich bestens an eine Aussage, die mir den Glauben an die Intelligenz einiger Kirchenvertreter endgültig rauben sollte.

»Du weißt, dass Moses die Juden aus der Sklaverei der Ägypter ins Gelobte Land geführt hat?«, fragte er.

Ich nickte beflissen – fürchtete ich doch, sonst das gesamte Alte Testament auswendig lernen zu müssen.

»Die Ägypter waren ein degeneriertes, schwaches Volk. Anstatt Familien zu gründen, feierten sie ausufernde Feste. Sogar mit ihren eigenen Geschwistern haben sie sich verheiratet. Deshalb hatten sie kaum Nachkommen und mussten immer mehr Menschen anderer Völker versklaven, damit die ihnen die Arbeit abnehmen. Statt mit ihren Frauen Kinder zu zeugen, haben die Männer immer mit sich selbst gespielt. Das machte sie schwach und krank. Und so konnten die Juden sie besiegen.«

Der hanebüchene Unsinn hat mich nicht im Geringsten beeindruckt. Außerdem hatte ich die tragische Geschichte von Onan aus dem alten Testament gelesen, der es lieber auf den »Boden tröpfeln ließ« statt zu heiraten und dafür sterben musste. Andere wären womöglich schnurgerade ins katholische Jungen-Internat gerannt (und dort in die offenen Arme der lauernden Brüder, die ja aus den gleichen Gründen dorthin gegangen waren), aber eine Stimme in mir sagte: »Lass ihn reden. Das wurde vor einigen tausend Jahren ausgedacht, damit die Menschheit sich überhaupt vermehren konnte. Denn nur so gab es genug Arbeiter für den Pyramidenbau und Soldaten für die Eroberung des Nachbarreiches, selbst wenn es ein karger Wüstenstaat war.«

Dabei hätte die Vermehrung mit einem kirchenstaatlichen Onanie-Förderprogramm wahrscheinlich besser funktioniert, wie eine neue Studie eines amerikanischen Forscherteams belegt: Selbstbefriedigung ist danach förderlich für die Potenz. Die männlichen Geschlechtsorgane bleiben dadurch sozusagen in Übung und sind auf die ernsten Einsätze dann umso besser vorbereitet. Getestet wurde das mit 1500 Probanden der US Army.

Sie haben Recht: Ich wäre gern dabei gewesen!

Jungs schlafen danach ein

Ich kam aus dem Bad ins Schlafzimmer und warf meiner neuen Wochenend-Affäre Thomas ein Handtuch zu. Es landete auf seinem Oberschenkel. Keine Reaktion. Der Mann schlief nämlich bereits. Sein gleichmäßiges Atmen war das einzige Geräusch im Raum, neben dem Klopfen der Heizung.

Man sollte Jungs nicht alleine lassen, kurz nachdem sie ihren Höhepunkt erreicht haben. Nicht einmal, um ins Bad zu gehen. Besonders schlechte Idee, wenn nicht beide zum Ende gekommen waren. Ich löschte das Licht und kletterte ins Bett. Frust pur. So anstrengend war das eben nun nicht gewesen, dass man innerhalb von weniger als drei Minuten bereits in einen Tiefschlaf fallen müsste. Auf der Skala zwischen Sprint und Marathon hatten wir gerade mal einen 1000-Meter-Staffellauf absolviert. Und da muss sich der Läufer nach Übergabe des Stabes doch auch nicht gleich ablegen.

Warum also schlafen Jungs immer gleich nach dem Sex ein?

»Verständlich wäre das ja, wenn er die ganze Arbeit geleistet hätte«, fauchte Miriam am nächsten Morgen bei unserem gemeinsamen Montags-Frühstück in ihrer neuen gemeinsamen Wohnung mit dem Feuerwehrmann. »Aber er lag nur auf dem Rücken, den Rest habe ich gemacht. Ich war schweißgebadet – und der Herr bereits eingeschlafen, als ich aus dem Badezimmer zurückkam.«

Wie sich die Bilder gleichen. Heterosexuelle Männer sind offenbar nach dem Sex ebenso erschöpft wie schwule – und scheinbar genauso schnell im Bubu-Land. Kaum sind die potenziellen Eizellen-Befruchter auf den Weg, an die frische Luft oder ins Latex gebracht worden, überfällt den Begatter eine Schlafattacke, wie sie kein Anästhesist besser erzeugen könnte.

»Zwei Männer haben damit natürlich kein Problem«, sagte Miriam. »Dann schlaft ihr eben beide erst mal eine halbe Stunde und geht dann weiter zur nächsten Runde. Jungs sind fertig, steigen ab und schnarchen. Frauen funktionieren da anders. Wenn der Typ seinen Orgasmus hatte, sind wir im Regelfall gerade mal warmgelaufen. Wenn er dann wieder zu sich kommt und nach langem Zureden und hingabevollen Argumenten erneut einsatzbereit ist, sind wir eigentlich längst auf Ausgangsniveau zurückgefallen. Und können komplett von vorne anfangen.«

»Bei zwei Jungs ist die Frage manchmal: Wer schläft am schnellsten ein?«, merkte ich an. »Und bei drei Jungs in einem Bett ist das wie Wettkampf! Wer zuerst einschläft, bekommt das Kopfkissen, der zweite die Überdecke und der dritte das Handtuch. Im Normalfall dauert das nicht einmal die biologischen drei Minuten, sondern höchstens zwei. Und dann übertönen drei sägende Männerkehlen die Musik von Robbie Williams aus der Stereoanlage.«

»Wieso eigentlich biologische drei Minuten? Gibt es das wirklich?«, hakte Miriam nach.

»Das hat etwas mit der anaerob-alaktaziden Energiebereitstellung in den Muskeln zu tun.«

»Entschuldigung, Herr Professor: Wovon sprichst du?«

»Ich habe in meinen wunderbaren Büchern über den muskulären Stoffwechsel gelesen, dass die plötzliche Ermüdung eine Reaktion auf die Muskelkontraktionen beim Orgasmus ist«, erklärte ich. »Der ganze aktive Bewegungsapparat des Körpers ist bei einer Ejakulation involviert, nicht nur der Genitalbereich. In den Muskelfasern gibt es kleine Energiespeicher, die bei bestimmten Belastungen verbraucht werden. Ein Beispiel: Wenn du über die Straße gehen willst und ein Auto fährt mit hoher Geschwindigkeit an dir vorbei, dann springst du flott wieder zurück auf den Bürgersteig. Für diese schnelle Aktion brauchen deine Muskeln Energie – und die haben sie sich schnell aus ihren eigenen Speichern genommen. Wenn der Körper gewartet hätte, bis aus dem Blut Energie in die Muskeln gepumpt worden wäre, hätte das Auto dich bereits überfahren gehabt, bevor auch nur ein kleines Kohlehydrat zerteilt worden wäre. Eine prima Konstruktion mit einem Schönheitsfehler: Die Speicher in den Muskeln sind winzig und reichen nur für wenige Kontraktionen. Dann sind sie leer und müssen aufgefüllt werden. Bei einem Orgasmus sind fast alle Muskeln im Körper beteiligt und sie alle ziehen ihre Energie in diesem Moment nur aus den eigenen Speichern.«

Miriam sah mich mit großen Augen an. »Dann ist ein Orgasmus für einen Mann also wie ein heranfahrender LKW?«

»So ungefähr.«

»Klingt schwachsinnig.«

»Das erklärt immerhin, warum der gesamte Organismus danach so rasch in eine Regenerationsphase muss«, verteidigte ich meine Theorie. »Schließlich soll der Körper ja möglichst schnell wieder auf einen echten LKW reagieren können. Deshalb wird er schlafen gelegt, damit die Energiespeicher umgehend wieder aufgefüllt werden können.«

Während Miriam kopfschüttelnd einen Becher Joghurt aufmachte, schaute ich auf mein Telefon, das den Eingang einer SMS anzeigte.

»Geh nicht ans Telefon, wenn Nina anruft, bevor wir beide miteinander gesprochen haben. Wichtig! Chris«, stand da.

»Was ist los?«, fragte Miriam, als sie meinen hilflosen Blick sah.

»Mein Laufpartner Chris macht mich gerade zu seinem Komplizen bei einem Verbrechen, das er an seiner Freundin begangen hat.«

»Hat er sie wieder betrogen?«

»Das weiß ich noch nicht. Aber ich nehme es fast an. Jedenfalls bittet er mich, kein Gespräch mit ihr zu führen, bevor ich nicht gebrieft wurde, was ich sagen darf.«

Miriam rührte in ihrem Joghurt. »Dieser Mann hat in einem Monat mehr Frauen als dieser Erdbeerbecher Fruchtstücke. Und das ist der mit den extra vielen und ganzen Früchten.«

»Willst du wissen, was los ist? Dann rufe ich ihn nämlich jetzt an«, sagte ich.

»Nimm mein Festnetz-Telefon und schalte die Freisprechanlage ein.«

Nach nur einem Klingeln hatte ich ihn. »Chris, was ist los?«, fragte ich. »Muss ich wieder für dich lügen?«

»Mir ist etwas Furchtbares passiert.« Er stöhnte in den Hörer. »Ich war gestern bei einem Mädel aus der Firma. Wir hatten ein wenig Spaß und ich bin danach einfach eingeschlafen. Ohne einen Wecker zu stellen. Und die dumme Nuss hat mich pennen lassen, weil ich so niedlich aussah, wie ich dalag, sagte sie.«

Ich unterdrückte ein Lachen. Niedlich? Chris ist ein wahres Riesenbaby und sieht wahrscheinlich noch im Koma bedrohlich aus.

»Als ich aufwachte, war es dann 7 Uhr morgens. Mein Telefon hatte ich natürlich ausgeschaltet. Insgesamt waren zehn Nachrichten von Nina auf der Mailbox! Zehn!«

»Was genau habe ich damit zu tun?«, fragte ich.

»Du bist mein Alibi«, stellte Chris fest. »Wir beide waren gestern Abend im La Paloma, sind abgestürzt und dann habe ich bei dir geschlafen. Und wir sind erst heute Morgen wieder zu uns gekommen.«

Miriam deutete auf mich und formte mit ihren Lippen: »No way!«

»Bist du sicher, dass das eine gute Idee wäre?«, fragte

ich. »Schließlich bin ich homosexuell und Nina hat nie den Eindruck erweckt, dass sie mir völlig vertrauen würde. Womit sie wahrscheinlich Recht behalten würde: Ich hätte eine solche Situation garantiert ausgenutzt.«

»Damit hätte sie gar keine Probleme. Nina wäre garantiert lieber, ich würde dich poppen als ein anderes Mädel. Eine Nacht mir dir wäre halb so schlimm.«

»Kann ich das schriftlich haben?«, meinte ich nach einer Schrecksekunde.

»Nein«, sagte Chris. »Aber ich habe mit Freude registriert, dass du bei der Gewichtung nicht widersprochen hast.«

Ich sah in Miriams breites Grinsen.

»Dann werde ich also dein Alibi sein.«

»Danke! Dafür gehen wir demnächst wirklich einen trinken!«

»Daran werde ich dich erinnern«, sagte ich. »Du darfst danach dann auch bei mir schlafen.«

Chris unterbrach die Verbindung.

»Kein schlechter Trick!«, sagte Miriam. »Das Mädel war schlau: So behielt sie den Kerl die ganze Nacht bei sich. Nicht maulen, nicht aufwecken: Und schon bleibt er bis zum nächsten Morgen. So habe ich das noch nie gesehen. Vielleicht ist das die Idee von Mutter Natur: die Flucht des Männchens nach dem Sex zu verhindern.«

Vielleicht hat Miriam ja Recht. Sie kennen die Geschichte von der Schwarzen Witwe, diese Spinnendame, die nach der Begattung ihren Mann auffrisst? Für den Spinnerich sind die Sekunden nach dem Sex also weit entfernt von Entspannung – es sind vielmehr die aufregendsten Momente des Aktes. Denn das ist die Zeit für die Flucht danach. Wer nicht schnell genug reagiert, wird bereits als Frühstückspaket für die Nachkommen geschnürt. Jungs sollten sich dieses Bild vielleicht häufiger vor Augen halten, wenn sie nach dem Sex wohlig in den Schlaf gleiten wollen.

Jungs lieben Karneval

Ende Februar teilt sich die Republik in zwei Lager: Das eine feiert Karneval – das andere hasst es. Das eine ist im Rheinland, das andere oben im Norden. Bisher dachte ich, ich gehöre zu den Antikarnevalisten, hanseatisch wie ich mich denn manchmal gebe. (Ich bin kein echtes Nordlicht, sondern erst vor fünfzehn Jahren aus Bayern zugewandert. Die habe ich aber allesamt in Hamburg und dort mitten auf St. Pauli verbracht.) Doch nur Ausprobieren bringt den Menschen weiter, und so ließ ich mich von meiner Wochenend-Affäre Thomas überreden, den Karneval im Epizentrum des jecken Frohsinns zu verbringen: in Köln.

Nachdem ich mich erst einmal mit dem Gedanken angefreundet hatte, konnte ich es kaum erwarten, mich zum Narren zu machen. Die Reaktionen meiner besten Freunde waren allerdings zunächst eindeutig: Ablehnung unisono. Ich erzählte ihnen beim Mittagessen von meinem Selbstversuch.

»Du und Karneval? Das geht nicht gut!«, sagte mein guter Freund Ben knapp. »Dazu bist du nicht der Typ.«

Besonders hart drückte es meine Kollegin Susanne aus: »Das ist nicht deine Welt. Du weißt, dass man sich da amüsieren muss! Notfalls mit Hilfe von einigen Litern Kölsch. Soweit ich weiß, trinkst du nichts mehr. Das wird dann nichts werden.«

Ablehnend reagierte auch mein Exfreund Tibor, dem ich in der Umkleide des Sportstudios erzählte, dass ich mich ins närrische Treiben stürzen werde.

»Das hätte ich mal vorschlagen sollen! Da hätte ich keine Chance gehabt. Wenn das mal nicht deinen Trainingsplan durcheinander wirft!«, sagte er und fügte hinzu: »Gib's zu: Du willst nur zu den vielen feiernden hübschen Jungs nach Köln. Sonst würdest du doch nie auf die Idee kommen, dich zum Narren zu machen.«

Immerhin: Der rüstige, heterosexuelle Mittfünfziger, der neben mir seinen Kleiderschrank öffnete und offenbar mitgehört hatte, schaute mich ein wenig neidisch an.

»Sie werden garantiert viel Spaß haben!«, sagte er. »Zwanzig Jahre lang habe ich jeden Rosenmontag mit einem Kölsch in der Hand auf dem Neumarkt gestanden und Kamelle gefangen. Die ganze Stadt feiert und alle genießen das Leben. Ich weiß nicht, worauf Sie so stehen, aber egal, was Sie mögen: Sie werden während des Karnevals in Köln keine Nacht alleine verbringen. Nehmen Sie genug Kondome mit. Die werden Sie brauchen. Jungs und Mädels sind da einfach jeck!«

Seine Augen glänzten beinahe wehmütig.

Blieb noch die Frage nach dem Kostüm. Denn wie ihre Kollegen aus dem Tierreich schmücken sich Jungs an solchen Tagen mit möglichst bunten Federn, um Aufmerksamkeit bei potenziellen Sexualpartnern zu erzielen. Beim Karneval sollte der Eindruck aber nicht nur sexuell ansprechend oder gar stimulierend sein, auch Originalität und eine gewisse Verbundenheit mit den traditionellen Kostümen ist gefordert.

Thomas hatte bereits alle Geschäfte abgeklappert, die noch wenige Tage vor dem Hauptwochenende Karnevalskostüme verliehen. Natürlich wusste er von meinem Faible für Comic-Helden. Selbstlos hatte er sich in die wenigen verbliebenen Verkleidungen gestürzt, sich fotografieren lassen und mir zur Auswahl einige Bilder per E-Mail geschickt. Doch auch der moderne Spider-Man-Dress erinnerte mich fatal an einen blau-roten Schlafanzug und das ausgeleierte

Bat-Man-Kostüm glich leider nur dem höchst Unvorteilhaften aus der TV-Serie der 70er und nicht dem Skandal-Panzer mit modellierten Nippeln auf definierten Brustmuskeln von Chrise Clooney von vor wenigen Jahren.

Zur Inspiration fragte ich mich also, worauf Jungs eigentlich stehen und welche Rollenbilder besonders gut ankommen. Sofort war ich bei den Village People. Aber ich konnte mir trotz des aktuellen Revivals aller grässlichen Dinge aus meiner Jugend nicht ernsthaft vorstellen, in Cowboy-Fransen oder Bauarbeiter-Stiefeln durch die Brennerei Weiß zu stampfen. Also erinnerte ich mich an Miriams Feuerwehrmann.

Doch die beiden fanden die Vorstellung von mir in roten Latzhosen und Sicherheitshelm so belustigend, dass sie vor Lachen ihre Sushi-Stäbchen nicht mehr koordiniert bekamen.

Aber allmählich fand ich auch karnevalerprobte Freunde. Herbert, ein hoch gewachsener Ex-Kölner und Träger der Schuhgröße 46, hatte einen eindringlichen Rat für mich: »Auf keinen Fall im Fummel!«, riet er. »Das habe ich einmal vor zehn Jahren gemacht und mir in der Kälte beinahe den Tod geholt. Außerdem sah ich aus wie Eartha Kitt, weil mir im Regen die Schminke verlief.«

Ian, fein modellierter Supersportler und kampferprobte Feierelse, meinte: »Vergiss die Kostüme. Sexy muss es sein. Zieh etwas an, was du ausziehen kannst. In den Kneipen ist es so heiß, dass dir der Schweiß in Strömen den Körper herunterlaufen wird. Für draußen nimmst du eine dicke Jacke mit, die du nicht vermissen würdest, solltest du sie morgens um drei dann nicht mehr finden!«

Auch viele meiner heterosexuellen Freunde schienen bereits seit Jahren die Narrenkappe aufzusetzen und Richtung Pott zu pilgern.

»Altes T-Shirt mit einem dummen Spruch und ein lustiger Hut!«, empfahl mein Marathon-Trainingspartner Chris, der seine Lebensgefährtin zu Hause ließ und für ein

»Seminar« nach Düsseldorf flog. Natürlich nicht wirklich. Er traf in Köln eine Hand voll Jungs aus seiner Bundeswehrzeit und wollte sich ein schönes Wochenende machen. »Mit viel Kölsch und viel Spaß!«, wie er das ausdrückte.

Mein Arbeitskollege Arnie hatte bereits vor Monaten einen Billigflug von Berlin nach Köln gebucht. »Immer zum Taxipreis fliegen!«, lachte er. »Das Geld gebe ich lieber für Alkohol aus.«

»Und was ist mit den Hotelkosten? Die sind doch sicher astronomisch über Rosenmontag?«, fragte ich.

Arnies Stimme verriet Verständnislosigkeit. »Eric, ich brauche doch kein Zimmer. Wenn ich müde bin, flirte ich mit einer Einheimischen, lasse mich mit zu ihr nehmen und danach schlafe ich dann eine Runde. Am nächsten Morgen springe ich bei ihr unter die Dusche, leihe mir von ihr ein frisches T-Shirt und gehe wieder feiern. Wozu ein Hotel bezahlen, das man ja doch nie aufsucht?«

Was nun treibt Jungs dazu, eine bunte Uniform zu tragen und sich Farbkleckse ins Gesicht zu schmieren? Ich will jetzt nicht alle historischen Gründe dafür aufzählen, dass Karneval gefeiert wird. Ich finde die Legende charmant, dass früher die Druiden die Wintergeister vertreiben wollten und deshalb mächtig Radau machten. Dazu wurden furchterregende Masken getragen, ein paar Verurteilte bei lebendigem Leib verbrannt und ganz viel Met getrunken.

Die Gründe heute? Das ist ohne langes Drumrum schnell auf den Punkt gebracht: Bier und Sex. Nicht unbedingt in dieser Reihenfolge. Hauptsache: ein paar Tage Feiern und Poppen.

Und natürlich der Spaß an der Verkleidung. Jungs dürfen endlich all die Farbkombinationen tragen, für die sie zu Hause und im Büro nur Entsetzen ernten würden – die ihnen aber in Wirklichkeit ausgezeichnet gefallen. Da wird das originale Hawaii-Hemd aus Honolulu ausgepackt und laut »Kölle Aloah!« gerufen.

Eine Information bin ich Ihnen aber noch schuldig: welches Kostüm ich denn nun wählte. Village People oder Eartha Kitt? Weder noch. In meinem Schrank hatte ich noch einen alten olivgrünen Flieger-Overall gefunden, in den ich unter Verzicht auf jegliche weitere Textilien schlüpfte und der bei fortschreitender Uhrzeit und steigendem Alkoholpegel immer weiter geöffnet werden konnte. Obwohl Thomas auf mich aufpasste wie der Hund von Baskerville, konnte er nicht verhindern, dass ich an einem Abend in Köln mehr Telefonnummern einsammelte als sonst in Hamburg in einem Quartal.

Aber nächstes Jahr gehe ich doch als Feuerwehmann! Ein paar solcher Jungs (und zwar echte) hatten ihren Löschzug in einer abgesperrten Seitenstraße neben uns geparkt, setzten sich oben auf ihren Wagen, hatten den besten Ausblick und bekamen von allen Prinzesschen und Prinzen Kamelle und von den umstehenden Mädels und Jungs Telefonnummern zugeworfen. Genau einen solchen Effekt muss ein gutes Kostüm an Karneval haben. Dafür mache ich mich auch wirklich gerne zum Narren.

Jungs finden Kondome doof

Die Bombe platzte während der zweiten Alster-Runde.

»Nina ist schwanger!«, sagte er kurz hinter der Kennedy-Brücke. Er klang dabei nicht, wie ich mir einen stolzen werdenden Vater vorstellte.

»Darf ich gratulieren?«, fragte ich aufmunternd. »Wann ist es denn soweit? Wisst ihr schon, ob es ein Mädchen oder ein Junge wird? Darf ich Taufpate werden?«

Auf die Antwort wartete ich bis Höhe Schwanenwjik. »Es war ein Unfall. Eigentlich wollen wir ja gar keine Kinder. Zumindest nicht im Moment. Es ist jedenfalls nicht zu spät für einen Abbruch. Aber wir sind uns noch nicht sicher.«

»Unfall? Nehmt ihr keine Gummis? Wie können im Jahr 2003 solche Unfälle geschehen?«

»Ich kann nicht mit Präsern.«

»Was ist daran nicht zu können? Erst rüber, dann rein. Habt ihr keine Angst vor irgendwelchen Krankheiten?«

Chris lachte heiser auf. »Wir sind heterosexuell. Und monogam. Da verhütet man nur, um keinen Nachwuchs zu zeugen.«

»Mit mäßigem Erfolg«, warf ich ein.

Wir trabten schweigend bis zur Moschee gegenüber dem Fährhaus.

»Ich kann einfach keine Erektion halten, wenn ich mir einen Gummi überziehen soll«, sagte Chris. »Diese Pause turnt mich so ab, dass ich auch gleich aufhören kann.«

»Wenigstens ersparst du mir die Geschichte, dass es keine Präser in deiner Größe gibt. Und den ollen Spruch: Wer duscht schon gerne im Regenmantel? Allerdings wird deine Entschuldigung nicht dadurch besser, dass sie nicht so abgegriffen ist. Man kann diese Pause doch sinnvoll nutzen: Erst ein wenig fummeln, dann aufreißen, dann überziehen, während man ein wenig die Zunge spielen lässt. Und keiner merkt es.«

»Eben«, zischte Chris.

Mir dämmerte etwas. »Ich bin mir nicht sicher, ob ich dich richtig verstehe. Du hast so getan, als ob du einen Präser benutzt – aber hast ihn dann doch nicht übergezogen?«

»Yep.«

»Du bist ein Schwein.«

Es folgte wieder eine Pause. Wir konzentrierten uns auf das gleichmäßige Geräusch der Turnschuhe im Sand.

Und ich fragte mich, warum Jungs solche Schwierigkeiten mit Latex haben. Glauben Sie nicht, das wäre nur bei den Heteros so. Die Schwuppen können auf die glitschigen Dinger auch nicht wirklich.

Ich kann mich noch gut erinnern, als ich mich im Alter von 15 Jahren über meine heterosexuellen Klassenkameraden amüsierte, die im Auftrag von Pro Familia auf dem Pausenhof Gummis zu Luftballons aufbliesen, um sich an die Dinger zu gewöhnen. Ich war überzeugt, dass ich mich nie um solche Dinge würde kümmern müssen. Das änderte sich, als wenige Jahre später durch AIDS das Zeitalter von Safer Sex begann und gerade die Homos den Umgang mit Präsern perfektionieren lernten. Es ist nämlich gar nicht so leicht, in einer Dampfsauna mit feuchten Händen die Verpackung eines Präsers aufzureißen. Oder in der völligen Dunkelheit eines Darkrooms einer schmuddeligen Lederbar. Der Einsatz von Zähnen verbietet sich, schließlich soll das gute Stück ja unversehrt aufs beste Stück gestülpt werden. Echte Könner haben das einhändige Überziehen perfektioniert. Wahrscheinlich gibt es in irgendeiner schwulen

Kneipe auf diesem Planeten sogar einen Wettbewerb für den »Mr. Onehand-Condom«.

Aber auch wenn die Jungs mit den Präsern umgehen können: Sie nutzen ihn nur widerwillig. Bens kleiner Freund David zum Beispiel. Im zarten Alter von 21 verzichtet der junge Mann auf Safer Sex und zieht lieber blank. Warum? »Aids betrifft mich nicht!«, sagt er. Glaubt man das?! Klar ist es nicht mehr so, dass im schwulen Café an dem Tisch hinten in der unbeleuchteten Ecke ein armer Kerl vor einem Kamillentee sitzt, argwöhnisch und mitleidig von den anderen Gästen beäugt, weil die dunklen Karposi-Flecken nicht zu übersehen sind. Heute sind HIV-Infizierte dank der Kombi-Präparate und neuer medizinischer Erkenntnisse oftmals fit wie Zehnkämpfer und sehen aus wie aus dem Bodybuilding-Katalog. Für das Frischfleisch auf dem Markt ist die Bedrohung kaum mehr präsent, und die jährliche AIDS-Benefiz-Gala nur noch eine unnötige, viel zu lahme Party, auf der es zu wenig Drogen gibt.

Um das Drama abzurunden: David hatte Ben vor einigen Monaten davon überzeugt, dass beide einen AIDS-Test machen lassen, um künftig nicht mehr mit den lästigen Tüten hantieren zu müssen. Nach der Unbedenklichkeitsbescheinigung wurde nun also fleißig gepoppt. Leider nicht nur im ehelichen Bett. Der Kleine war eine echte Feier-Else und zwischen zwei Longdrinks und zwei Pillen auch dem Quickie in der Garderobe, dem Klo oder dem Hinterhof nicht abgeneigt. Selbstverständlich auch hier: ohne Gummi. Das entsprach nicht dem Deal – und deshalb verschwieg er es auch einfach. Bis die nächtlichen Eskapaden irgendwann aufflogen. Und die nächste Testreihe anstand.

Obwohl also Leib und Leben auf dem Spiel stehen, das eigene und das eines Partners: Bloß kein Hütli übers Dödli!

Wir passierten die Krugkoppelbrücke.

»Was hast du Nina eigentlich vorgelogen, wie die

Schwangerschaft überhaupt möglich war? Dass du auch keine Idee hast, wie so etwas passieren konnte?«

»Sie sagte immer, sie nimmt die Pille«, meinte Chris. »Auf die Gummis hat sie nur wegen AIDS bestanden. Und weil sie irgendwann einmal eine Pilzinfektion hatte.«

»Also hatte der Präser wohl ein Loch beim Auspacken bekommen?«

»Etwas in der Art.«

Das Bild wurde klarer. »Sie hat mit ihren Fingernägeln wohl beim Aufreißen der Packung versehentlich das Gummi beschädigt?«, fragte ich.

Chris brummte und nickte.

»Du bist wirklich ein Schwein«, wiederholte ich mich.

Kommen sich Jungs mit einer Mütze auf dem Pimmel wirklich so eingeschränkt vor? Das Argument mit dem schlechteren Fühlungsvermögen können wir getrost vergessen: Die wenigsten Kerle sind sensibel genug, um den Unterschied zu spüren. Wie sie das Ding benutzen, beweist das genügend. Und wenn man erst einmal in welcher Höhle auch immer steckt, konzentriert sich das Gehirn auf andere Signale.

Also wo ist das Problem? Kastrationsangst durch zu eng anliegende Hüllen? Wussten Sie, wie wenige Männer überhaupt darüber informiert sind, dass es verschiedene Kondom-Größen gibt?

Oder ist es einfach nur die Störung des Ablaufs?

Denn egal, wie perfekt man es macht: Es ist immer eine Unterbrechung. Das lässt sich auch nicht schönspielen, indem der Präser während des Oralverkehrs übergezogen wird. Wahrscheinlich hat das sogar eher den gegenteiligen Effekt: Erst fühlt sich alles noch nett und angenehm an, dann wird es plötzlich irgendwie klamm und eng. Dann lieber den Kerl eine Zeit nicht beachten, damit er sich sogar über eine solche Zuwendung wie das Ankleiden mit einem Kondom freuen kann.

Jungs sind streng zielorientiert, wenn es um Sex geht. Da zählt der Weg nur bedingt. Spätestens bei Erreichen einer bestimmten Erregung ist nur noch das Ergebnis wichtig. Und das dann auch möglichst zeitnah. Entsprechend ist nach dem genüsslich gesteigerten Anklopfen der rasche Eintritt der bestimmende Gedanke. Wenn Sie kurz vor dem Verhungern sind und der Platzanweiser im Restaurant Sie erst einmal wieder nach Hause schickt, damit Sie sich einen Smoking anziehen, verlieren Sie die Lust am schönsten Menu.

Auf der Höhe des *Cliff* hakte ich nach: »Du warst ja auch nicht wirklich monogam.«

»Nicht wirklich.«

»Aber bei deinen Abenteuern hast du immer brav mit Schutzkleidung gearbeitet? Oder?«

»Hmm.«

Ich blieb stehen. »Mann!«, fauchte ich ihn an. »Du bist doch sonst auch mit mehr als einer aktiven Gehirnzelle gesegnet! Setzt dein Verstand völlig aus, wenn das Blut in deinen Dödel schießt? Wenn du schon rumhuren musst, dann doch nur mit Safer Sex! Wie viele Spots muss die AIDS-Hilfe denn noch schalten? Es muss ja auch nicht immer gleich AIDS sein. Hepatitis macht auch keinen Spaß! Und ich möchte schwören, dass du dagegen nicht einmal geimpft bist!«

Chris stand vor mir und wirkte trotz seiner imposanten Größe plötzlich sehr klein. »Kennst du einen Arzt, bei dem ich einen Test machen kann?«, fragte er. »Ich will Nina damit nur konfrontieren, wenn es sein muss. Sie hat jetzt genug Probleme mit dem Abbruch.«

Er tat mir wirklich Leid – aber er machte mich auch unglaublich wütend. »Sie wird höchstwahrscheinlich sowieso einen Test machen müssen, bevor ein Arzt die Abtreibung vornimmt. Du wirst dich also beeilen müssen. Ich rufe Stefan an, er hat seine Praxis auf der Reeperbahn und sich auf HIV-Patienten spezialisiert. Der hält dir auch keine Strafpredigt.«

Chris nickte tonlos.

»Im Gegensatz zu mir«, fügte ich hinzu. »Ich würde dich am liebsten tausend Mal schreiben lassen: Nur noch mit Gummi. Nur noch mit Gummi.«

Wir trabten wieder weiter.

»Ist dir das noch nie passiert?«, fragte Chris, als wir an der streng bewachten amerikanischen Botschaft vorbei liefen. »Dass du keinen Bock auf Latex hattest und einfach nur so ficken wolltest? Ohne etwas dazwischen? Nicht steril und sauber – sondern unter Einsatz aller Körperflüssigkeiten, spontan, ohne Aufroll-Pause und ohne Nachdenken?«

»Hmm«, antwortete ich und dachte an diese verfluchte Toilette im Absolut, diesem schwulen Club auf dem Kiez.

»War das ein Ja?«, fragte er. »Herr Oberlehrer! Mister ›Wie kann man nur?‹ Welche Ausrede hast du?«

Ich knurrte. »Ich war betrunken. Und ich wollte ihn unbedingt. Mein Kerl wartete unten auf der Tanzfläche auf mich und wir hatten nur fünf Minuten Zeit. Da ging es um jede Sekunde! Aber wir zogen vorm Abspritzen raus. Es kann also gar nichts passiert sein.«

»Ach.« Chris' Augenbraue zuckte in Siegerpose nach oben.

Vor der Kennedybrücke verabschiedeten wir uns. Und ich habe mir vorgenommen, mal wieder einen Test machen zu lassen.

Jungs sind Rudeltiere

Am nächsten Morgen können sie sich an fast nichts mehr erinnern: Jungs nach einer »Boys Night Out«, einer Nacht mit der Gang. Das hat zwei Gründe. Zum einen wollen sie selbst alles vergessen, was mit den vergangenen Stunden zu hatte. Zum anderen sind tatsächlich nicht mehr alle Gehirnzellen am Leben, die von den Sünden berichten könnten.

Wollen Sie eine Auswahl der schönsten Geschichten hören, die ich in den letzten Jahren recherchiert habe? Freunde und Bekannte berichten von ihren schrecklichsten Erinnerungen an einen Abend mit den Jungs. Auch wenn Sie Probleme haben, alle zu glauben: Sie sind passiert. Ich würde gerne sagen, meine Quellen seien nicht zuverlässig. Jedoch gibt es leider keine wirklichen Gründe, sie anzuzweifeln.

Ich würde dabei gerne mit Ihnen ein Spiel machen: Lesen Sie die folgenden Berichte durch – auch wenn Sie sich an MTVs »Jackass« erinnert fühlen. Und versuchen Sie zu erraten, ob es sich bei dem jeweiligen Erzähler um einen Hetero oder einen Homo handelte. Ich bin mir sicher, Sie werden überrascht sein.

Adam, 20: »Wir waren acht Jungs auf der Reeperbahn in einem Frühclub mit Animations-Tanz. Nicht nur, dass wir ein Vermögen in die Slips der Tänzerinnen und Tänzer steckten, wir gingen an die Limits unserer Kreditkarten und tranken uns beinahe besinnungslos. Um fünf Uhr morgens waren wir nicht mehr zurechnungsfähig. Wir hatten unsere Jacken im Wagen eines Freundes gelassen. Der aber fand seinen Autoschlüssel nicht mehr. Ich wollte nur noch in ein Taxi und nach Hause. Also schlug ich die Scheibe ein. Irgendwer kam dann auf die Idee, dass wir die Spuren beseitigen müssten, und begann, Glassplitter zu essen. Wir alle kauten daraufhin auf einem Stück Scheibe. Meine Zunge sah am nächsten Morgen aus, als hätte ich sie in einen Mixer gesteckt.«

Stefan, 28: »Ich kam mit Freunden von einer Geburtstags-Party in Rosenheim. Trotz Alkohol stiegen wir in mein Auto, damit ich die Gang nach München zurückfahren konnte. Doch während der Fahrt schliefen erst die Jungs und dann auch ich ein, bei laufendem Motor und auf der falschen Seite der Straße. Ich wachte erst auf, als ein Polizist die Fahrertür öffnete – und ich ihm vor die Füße fiel. Meinen Führerschein war ich für ein Jahr los.«

Chris, 36: »Die Abiturfeier war ein rauschendes Fest. Um die Mädels zu beeindrucken, brachen wir in der Sporthalle ein und spielten nackt eine Runde Basketball. Einer hatte eine Videokamera dabei und filmte uns, wie wir betrunken und ziemlich hemmungslos übers Feld flitzten. Die Szenen wurden tags darauf bei der offiziellen Verabschiedung gezeigt, so dass Lehrer und Eltern alles sehen konnten. Ich habe die Schule nie wieder betreten.«

Thomas, 25: »Wir waren bei der Eröffnung dieses neuen Clubs und es war ein einziger Flop: Die Getränke waren teuer, die Musik schlecht und auch das Personal war unfreundlich. Irgendwann gingen wir auf die Tanzfläche, stellten uns im Kreis und pinkelten in die Mitte. Der Besitzer rief die Polizei und wir mussten Stunden auf der Wache verbringen.«

Dirk, 38: »Wir kamen aus dem Frühclub und nahmen eine Abkürzung über den Parkplatz des Supermarktes. Natürlich standen dort zahlreiche Einkaufswagen. Wir spielten damit Autoscooter und schoben die Wagen immer wieder gegeneinander. Unter lautem Geschrei ging das sicher eine Stunde. Am nächsten Tag stand in der Zeitung, dass betrunkene Vandalen 30 Trollys demoliert hätten. Sachschaden über 10 000 Euro. Aber sie haben uns nie erwischt!«

Tim, 29: »Es war meine erste Goa-Party. Die Jungs hatten mich mitgenommen auf dieses Open-Air-Konzert in der Lüneburger Heide und ich wusste nicht, was mich erwartet. Nach der dritten Pille Ecstasy verlor ich langsam das Gefühl für meine Umwelt und begann Farben und Musik wie in einem schlechten Film wahrzunehmen. Auf dem Weg in unser Zelt muss ich mich verlaufen haben. Jedenfalls wachte ich in einem falschen Schlafsack auf. Die Person neben mir kannte ich nicht. Und wie das Kondom, das immer noch über meinem Pimmel hing, dort hingekommen war, konnte ich nicht einmal ahnen. Aber es war zumindest leer, wir waren wohl auf halbem Weg eingeschlafen!«

Eric, 37: »Es war die erste Party, auf der ich übernachten durfte. Toffel, der coolste Typ der Schule, hatte sturmfreie Bude und wir machten unseren ersten Jungs-Abend. Zuerst hatte ich eine Flasche Apfelschnaps. Dann einen Joint. Dann Kirschlikör und dann noch einen Joint. Ich kotzte eine Stunde lang aus dem Fenster auf die Geranien im Vorgarten. Die anderen schrien vor Vergnügen, aber ich fühlte mich elend und schwor mir, nie wieder Alkohol zu trinken.«

Ellis, 38: »Ich war gerade nach Hamburg gezogen und machte mit ein paar Freunden meinen ersten Zug über den Kiez. Nach ein paar Drinks in den schlimmsten Absteigen des Viertels schleppten mich die anderen in die Herbertstraße, wo die Mädels in Schaufenstern stehen. Ich musste wohl gesagt haben, dass ich starke Frauen toll finde. Jedenfalls legten die anderen zusammen und luden mich bei einer Domina ab, die mir mit einem Tischtennisschläger den Hintern versohlte. Ich konnte den nächsten Tag nicht mehr sitzen und ich fand es keine Sekunde lang geil!«

Marco, 25: »Ich war mit einigen Studenten im Biergarten und aus dem harmlosen Trinken wurde rasch ein wahres Kampfsaufen. Das Letzte, woran ich mich erinnere war, dass ich auf die Toilette gehen wollte. Als ich zu mir kam, lag ich nackt zusammengerollt auf der Bank einer Bushaltestelle. Meine Klamotten hatte ich sauber gefaltet und als Kopfkissen benutzt. Es war recht früh und ich war noch allein. Eine Stunde später hätte der Berufsverkehr begonnen.«

Andreas, 39: »Noch nie war ich auf dem Hamburger Ledertreffen gewesen. Fetische sind nicht meine Sache, und ich fürchtete, dass ich den Anblick von zu viel kopulierendem Fleisch eher unappetitlich finden würde. Dann aber ließ ich mich überreden und schloss mich einer Gruppe von zehn Jungs an, die versprachen, auf mich aufzupassen. Nach dem dritten Bier fand ich die Party richtig nett: Fünftausend geile Kerle und ich mittendrin. Als Höhepunkt des Abends wurden Sklaven versteigert. Meine reizenden Freunde tricksten mich aus und ich fand mich plötzlich mit einem Hundeband um den Hals halbnackt auf der Bühne. Drei hässliche haarige Männer trieben lachend den Preis hoch und ich wollte mir gar nicht vorstellen, was die mit mir machen würden. Am Ende haben mich meine Begleiter dann auch wieder ausgelöst, aber ich hatte in der Zwischenzeit bereits zehnmal mit meinem Leben abgeschlossen.«

Diese Geschichten werfen eine Frage auf: Warum schießen sich Jungs so ab, wenn sie gemeinsam ausgehen?

Schon unsere Vorfahren haben für die Jungs Initiationsrituale erfunden. Mit denen wurden die Kinder offiziell in den Kreis der Männer aufgenommen. Das Zusammentreffen von Personen männlichen Geschlechts, um miteinander extreme Erfahren zu erleben, ist also uralt und fraglos tief im Stammesverhalten verwurzelt. Das Fiese an diesen Ritualen: Meist war die Prozedur für den Prüfling schmerzhaft oder wenigstens äußerst unangenehm. Oder wie würden Sie eine Beschneidung ohne Betäubung durch einen halbblinden, zittrigen Greis finden, der wahrscheinlich auch noch sauer war, weil sich sein Dödel nie wieder aufrichten würde?

Es irrt aber, wer denkt, Jungs bräuchten einen solchen beinahe gesellschaftlichen Anlass, um sich gegenseitig mit Mutproben herauszufordern. Beobachten Sie mal einen Wurf junger Hunde. Die balgen und spielen die ganze Zeit miteinander. Einen Anlass brauchen die nicht. Die Herausforderungen der Neuzeit sind natürlich andere geworden, aber sie sind deshalb nicht unbedingt jugend- und gewaltfrei. Dabei richtet sich die Gewalt nicht zwingend immer gegen andere. Oftmals fügen sich die Teilnehmer des Rituals auch selbst Schmerzen zu – oder Verletzungen. Letztlich ist eine Alkoholvergiftung ja auch ein Frontalangriff auf den eigenen Körper.

Nicht zu vergessen: Innerhalb jedes Rudels muss immer wieder die Rangfolge bestätigt oder neu verhandelt werden. Ein Abend mit den Jungs ist die menschliche Variante. Es wird immer einen geben, der von den anderen oder einem anderen herausgefordert wird. Die Gründe dafür sind vielfältig: Frust, Spaß oder Angabe. Wer siegt, ist cool – wer verliert, muss den Spott der Übrigen ertragen.

Sie dachten vielleicht, diese Rituale wären unter Homos unnötig? Falsch. Auch bei den Schwuppen gibt es in der Gruppe das Alpha-Tier, das von den anderen bewundert oder sogar begehrt wird. Das ist der, der in der Disco immer die meisten Telefonnummern einsteckt, den Gogo-Boy gleich auf der Toilette vernascht und wahrscheinlich in seinem ganzen Leben noch nicht einmal alleine ins Bett musste, wenn ihm nach Sex war. Dieses Prachtexemplar will unterhalten, beeindruckt und vielleicht sogar verführt werden. Klar, dass hierfür alle Mittel recht sind. Und wenn Sie sich jetzt noch vorstellen, dass auch die Aufnahme in ein schwules Rudel nur nach erfolgreichem Abschluss einer Aufnahmeprüfung möglich ist, ahnen Sie bereits, dass sich Jungs auch in diesem Punkt eigentlich nicht unterscheiden. Allerdings: Die Aufnahmeprüfung ist in der Regel amüsanter und endet mit einem Orgasmus.

Wenn Sie jetzt noch wissen wollen, welche Erfahrungsberichte von homo- und welche von heterosexuellen Männern stammen, lesen Sie die auf dem Kopf stehende Fußzeile. (Eines jedenfalls ist sicher: Keiner stammt von einer Frau.)

Schwul sind: Adam, Thomas, Tim, Eric, Andreas
Heteros sind: Stefan, Chris, Dirk, Ellis, Marco

Jungs lieben technische Spielsachen

Das Lufthansa-Vielflieger-Magazin mit dem klangvollen Namen »Exclusiv« ist ein weiteres unnötiges Anzeigenblatt, das jeden Monat direkt aus dem Briefkasten in meine Mülltonne wandert. Ohne Umwege. Ohne Blättern. Denn jedes Mal, wenn ich die umweltfeindliche Plastikhülle aufreiße, bleibe ich an irgendeiner knallbunten Werbebotschaft hängen, die mich später ein Vermögen kostet.

Firmen wie Sony haben längst herausgefunden, dass es nur eine Sorte Mann gibt – nämlich die, die nie erwachsen wird und den Verzicht auf die elektrische Eisenbahn der Kindheit mit modernem Hightech-Spielzeug kompensieren muss. Zum Beispiel einem neuen Mobiltelefon. Das kommt mit eingebauter Digitalkamera, Bluetooth-Verbindung zum Laptop für schnelle Datenübertragung, MP3-Player, Diktiergerät, farbigen Games und voll funktionsfähigem Kalender daher. Ach ja, telefonieren kann man damit auch! Aber vor allem ist es schick.

Der Wert eines solchen Spielzeugs zeigt sich nicht nur im Preis – sondern auch im Umfang der Bedienungsanleitung (die Jungs niemals lesen würden). Der Neidquotient errechnet sich wie folgt: Die Dicke des beigelegten Taschenbuchs ergibt die Anzahl der unnötigen Funktionen und die wiederum die aufzuwendende Zeit, um das neue Spielzeug auch nutzen zu können. Da alles Neue langweilig wird, wenn es erst einmal begriffen und im Einsatz ist, müssen die Hersteller möglichst viele kleine versteckte Features einbauen, die sich dem Besitzer erst mit der Zeit offenbaren. Nur so bleiben der Spaß und der Stolz des Anwenders lange erhalten.

Clevere Marketingstrategen scheinen nun herausgefunden zu haben, dass Jungs, die sich häufig in Flugzeuge setzen, früher viel mit Eisenbahnen gespielt haben und davon träumten, Pilot zu werden. Und 20 Jahre später diesen Spieltrieb nur mit Laptops, Digitalkameras, Taschencomputern, Mobiltelefonen, MP3-Playern und Gameboys ausleben können. Deshalb enthält ungefähr jede vierte Seite des Lufthansa-Magazins eine Anzeige eines Elektronikherstellers. Ein gnadenloser Angriff auf meine niederen Instinkte – und auf meinen Geldbeutel.

Vor zwei Wochen hat es wieder geklappt. Auf einer Doppelseite lachte mich das neue P800-Telefon von SonyEricsson an. Ein formschönes Allroundtalent, das so viele Geräte in sich versammelt, dass ich eigentlich drei andere dafür in die E-Bay-Versteigerung geben kann. Leider hat das neue Spielzeug einen Preis, der mich die nächsten zwei Monate dazu zwingen wird, in meinem Lieblingscafé künftig drei Stunden an einem einzigen Glas Latte Macchiato zu sitzen.

Innerhalb von zehn Minuten hatte ich herausgefunden, dass mein künftiger ständiger Begleiter eine absolute Neuheit war, die streng genommen noch gar nicht auf dem Markt war. Aber ich könnte das edle Stück schon vorab im Internet bestellen und würde dann zu den Ersten gehören, die damit vor ihren Spielkameraden angeben konnten.

Die Kreditkarte schluchzte einmal ungehört auf und ich bestellte. Zwei Tage später war das Prachtexemplar meines. Zeitlich passend zu einer Reise nach München, wo ich eine Vorlesung halten sollte und sowohl vor einer Runde Studenten als auch vor meinem lieben Freund Ellis richtig würde angeben können.

An der Uni wurde mir jedoch erst einmal klar gemacht, dass Mobiltelefone auf dem Campus überhaupt immer ausgeschaltet gehören, egal wie neu und wie toll sie sind.

Ich hatte es voller Vaterstolz aufgeklappt, um meine Termine in den Kalender einzutragen. Da belehrte mich die Assistentin des obersten Profs mit einem energischen Kopfschütteln eines Schlechteren. »Aber dieses Telefon hat eine Stummschaltung«, verteidigte ich meine Sucht. »Das vibriert nicht einmal. Ich kann es sogar im Flugzeug in einem Flight-Mode benutzen, so dass keine Anrufe ein- oder ausgehen können. Das stört garantiert nicht während der Vorlesung.«

»Die No-Mobile-Regel gilt für Studenten, Dozenten und Gastdozenten«, erklärte meine Betreuerin harsch. Ich musste gar nicht fragen, ich wusste, sie hatte immer noch ihr erstes Handy – und sie würde nicht im Traum daran denken, ein neues zu kaufen, solange der Akku noch Energie für mehr als drei Stunden Standby bereithalten konnte.

Mehr Erfolg hatte ich am Abend bei meinem guten Freund Ellis, wo ich wie immer bei meinen Besuchen in München Kost und Logis genießen durfte. Der zückte nämlich lächelnd seine neue Handycam und filmte mich, wie ich meine kleine Patentochter auf dem Arm hielt.

»Kannst du bitte in meine Jackentasche fassen und mein neues Telefon rausholen?«, bat ich ihn. »Dann kannst du damit auch gleich ein Foto machen.«

»Telefon mit Kamera?« Er lächelte nachsichtig. »Die Bilder sind aber qualitativ nicht so gut. Da ist so eine Cam mit Foto-Funktion und 2 Millionen Pixel schon erheblich besser.«

Ich strahlte zurück. »Die Aufnahme will ich nur als Screensaver nutzen. Die Bilder, die du gemacht hast, kannst du mir aber per Bluetooth auf den Memory Stick im Telefon schicken. Deine Kamera hat schon Bluetooth, oder?«

Der Punkt ging an mich. Und als er das Wunderwerk der Kommunikationstechnologie in seiner Hand hielt, vergrößerten sich seine Augen von skeptischen Schlitzen zu gewaltigen Tellern.

»Das ist doch noch gar nicht erhältlich!« Ellis bewies umgehend seine Sachkenntnis. »Wie bist du da rangekommen? Ich wollte eines über die Redaktion bestellen, aber selbst so hätte ich noch vier Wochen warten müssen.«

Ellis ist Chefredakteur eines Magazins, das regelmäßig und opulent seinen (zu 99% männlichen) Lesern die neuesten technischen Spielereien vorstellt. Er kennt schon von Berufs wegen jede Spielekonsole, jeden zum PDA aufgemotzten Taschenrechner und jeden Kugelschreiber, der auch eine MP3-Player-Funktion besitzt. Seine Frau Sinja fluchte einmal, dass er Marke und Namen aller Mobiltelefone besser ertasten könne als ihre einzelnen Körperteile, schon weil er mit den Handys regelmäßiger spiele. Er war also das beste Publikum, das ich mir wünschen konnte.

Sie glauben, nur ein paar Durchgeknallte würden sich für solche Dinge interessieren? Dann besuchen Sie doch bei Gelegenheit mal die Funkausstellung in Berlin oder die CeBit, die Computer- und IT-Messe in Hannover. Da sind sie alle: die großen männlichen Kinder, die staunend wie vorm Christbaum auf die neuesten Geräte starren. Besonders beliebt sind die frisch entwickelten Prototypen (die oft gar nicht die Produktionsreife erreichen). Wundervoll auch die Gesprächsfetzen, die Sie dabei aufschnappen können.

Spezialist A: »Mit dem Prozessor können die gleich einpacken. Das habe ich vor zwei Jahren schon besser bei diesem israelischen Hersteller gesehen.«

Spezialist B: »Und der hatte das von diesem Russen abgeschaut. Allerdings wurden da noch Cluster eingesetzt.«

Zu Hause werden Sie keinen der beiden dazu bewegen können, den Videorecorder zu programmieren oder beim Fernseher die neuen Kanäle einzustellen. Beim Anblick des technischen Spielkrams allerdings werden sie zu Fachidioten, die in jeder Talkshow einen Ehrenplatz verdienen würden.

Neben dem angeborenen Spieltrieb hat das Interesse an Hightech-Geräten auch einen anderen Grund: Es sind Statussymbole. Und zwar welche, die man überallhin mitnehmen kann. Ihr Auto müssen Sie vor dem Eingang parken, am abgewetzten Helm lässt sich nicht die neueste Ducati erkennen und Prada versteckt den roten Streifen doch häufig einfach zu gut. Da ist so ein Telefon schon erheblich praktischer. Das liegt glänzend auf dem Tisch, klingelt oder vibriert. Ein echter Blickfang ist ein automatisch herausfahrendes Handy von Nokia. Es war der ganze Stolz eines meiner Lover. Ständig wurde dem interessierten Publikum vorgeführt, wie das Display leise summend aus der Schale emporstieg. Zugegeben, es hatte auch etwas Phallisches. Der Zauber war vorbei, als ein Feuerzeugverkäufer am Tisch im Straßencafé seine blinkenden Abscheulichkeiten präsentierte und beim Abräumen der Hirsche, Christbäume und Discokugeln nebenbei auch das Telefon mit einsackte.

Bei dieser Gelegenheit will ich Ihnen eine wundervolle Studie nicht vorenthalten: Die kommt aus Italien und wurde von der dortigen Verbraucherschutzorganisation angestellt. Über 300 Männer mussten bei diesem Experiment für zwei Wochen ihr Handy abgeben. Ein Viertel der Probanden klagte über den Verlust des Selbstbewusstseins. Und immerhin 20 Prozent hatten keine Lust mehr auf Sex! Lassen Sie also Ihren Jungs die technischen Spielereien und gehen Sie mal wieder mit auf die CeBit!

Doch an diesem Abend erwartete mich im Hause Ellis noch ein ungeahnter Höhepunkt.

»Warum zeigst du Eric nicht deine neueste Errungenschaft?«, schlug Sinja vor und nahm mir Lilly vom Arm. Offenbar wollte sie jetzt ungestört »Sex in the City« sehen und uns beschäftigen. »Die beiden Dinger, die du von der Spiele-Messe in London mitgebracht hast.«

Ellis Augen strahlten wie Leuchtdioden, als er aufsprang, um im Arbeitszimmer geräuschvoll in irgendeiner Kiste zu wühlen. Wahrscheinlich war die Benutzung dieser »Dinger« nur in Ausnahmesituationen gestattet. Bei Sinjas weit reichender Toleranz bedeutete das, dass mich jetzt ein echtes Nerd-Toy erwartete, das geeignet war, die zarten Kinderseelen ihrer Töchter zu schädigen.

Tatsächlich erwarteten mich sogar zwei: Sie waren monströs, sie waren eklig, sie gaben summende und schnatternde Geräusche von sich und sie bewegten sich. Ellis präsentierte stolz zwei überdimensionierte Kampf-Kakerlaken, die fauchend und rasselnd über den Parkettboden rasten und aufeinander losgingen.

»Die sind individuell programmierbar«, erklärte Sinja angewidert. »Zuerst hatte er nur eines dieser Scheusale mitgebracht, aber schon nach wenigen Tagen siegte das Mitleid mit dem einsamen Vieh und er bestellte im Internet einen Spielgefährten. Der Hund flüchtet normalerweise in die hinterste Ecke der Wohnung, wenn die Schlacht der Titanen beginnt. Und die Kleine schreit, sobald sie das Geräusch der Metallflügel hört. Was euch Jungs an solchen Spielsachen begeistert, werde ich wohl nie verstehen.«

Der Rest ihres Vortrages ging unter in dem lauten Kampfgebrüll, das Ellis und ich anstimmten, als sich die beiden metallenen Küchenschaben schnarrend ineinander verkeilten. Am Ende des Abends hatte mein Kampfroboter acht Kämpfe gewonnen und sieben verloren, wir hatten zwei Flaschen Rotwein getrunken und vier Tüten Chips verschlungen. Und ich hatte für mich selbstverständlich ebenfalls einen Roboter im Internet bestellt: Sonys künstlichen Hund AIBO – klarerweise die dritte Generation, die sogar per WLAN mit dem Internet verbunden ist, als Wachhund mit integrierter Kamera taugt und kinderleicht auf das Herbeischaffen der Hausschlappen programmiert werden kann. Dabei stubenrein und völlig mundgeruchfrei.

Ich fiel so befriedigt ins Bett, dass ich mich nicht einmal an Puschkin störte, Ellis Weimaraner, der sich an mich kuschelte und mir ins Ohr hechelte.

Jungs fürchten den Gang zum Urologen

Da stand ich nun, nur noch mit ein paar schwarzen Socken bekleidet, die Unterhose hing an den Knien, vor mir saß ein Mann in Augenhöhe mit meinem Schwanz und kraulte meine Eier. Keine Sorge, dies wird kein Ausflug ins Pornografische. Im Gegenteil. Denn eine weniger erotische Szene mit einem anderen Mann als diese kann ich mir kaum vorstellen. Der Herr, der da hingebungsvoll meine Hoden massierte und abtastete, ist nämlich Urologe.

Ich verrate Ihnen ein offenes Geheimnis: Nur wenige Männer gehen gerne zum Arzt. Das können Sie im entsprechenden Kapitel weiter vorne nachlesen. Wäre ja ein Zeichen von Schwäche, jemanden um Rat zu fragen. Außerdem werden echte Kerle nicht krank, das haben wir schon als Kinder gelernt. Wer Schnupfen hat, ist ein Mädchen. Und hört sich dann auch so an. Ärzte sind No-Nos.

Urologen sind auch Ärzte. Aber ganz besondere. Eigentlich eine besondere Kaste innerhalb der Götter in Weiß. Die niedrigste, versteht sich. Schließlich tun die Dinge, über die man noch nicht einmal im Suff an der Bar spricht, wenn Mann unter sich ist.

Doktor G. sah zu mir hoch. Ich frage mich, was der arme Mann abends seiner Frau erzählt, wenn sie fragt: »Wie war dein Tag, Schatz?« Etwa so: »Zwanzig Hoden, zwei Tumore, viel schlechter Geruch und achtzehnmal Prostata-Abtasten mit viermal Unregelmäßigkeiten. Und wieder zehn Fälle von Hämorrhoiden«? Der Mann muss sein Leben hassen.

Ich meine, ich bin ja dankbar, dass es sie gibt. Doch sie sind mir unheimlich. Wer würde freiwillig den ganzen Tag an Pimmeln und Schließmuskeln arbeiten wollen? Und es muss auch einen Grund haben, dass es so wenige schwule Urologen gibt. Wenn nicht einmal denen dieser Job Spaß macht, wem dann?

Zurück zu Doktor G. Sein Blick verriet nichts Gutes. »Ich würde davon gerne eine Ultraschalluntersuchung machen lassen«, sagte er. »Das ist ganz bestimmt nichts Ernstes. Aber wir wollen ja sicher gehen.«

Das war so überhaupt nicht das, was ich hören wollte. Aber es hätte trotzdem schlimmer sein können. Immerhin wollte er keine Gewebeprobe haben.

Am Tag zuvor hatte das Drama seinen Anfang genommen. Die Situation im Detail ist jetzt nicht so wichtig, jedenfalls meinte Thomas plötzlich zu mir: »Du hast da irgendwas.«

»Das hoffe ich doch«, meinte ich grinsend. Und dachte: »Hör auf zu reden und mach weiter.«

Das machte er aber nicht. »Ich glaube, das solltest du mal untersuchen lassen. Da ist irgendwie ein Knoten.« Er klang beinahe besorgt und so gar nicht nach Dirty Talk.

Meine Stimmung war schlagartig dahin. »Wie meinst du das? Wo ist ein Knoten?« Kann sein, dass ich mich dabei ein wenig hysterisch anhörte. Oder zumindest schrill.

Thomas richtete sich auf. »Du musst nicht gleich schreien. Das ist wahrscheinlich gar nichts. Lass es von einem Urologen überprüfen und fertig.«

Wer schreit hier? Wer ist panisch? Wer fürchtet sich vor einem Urologen? Ich beamte mich ins Bad. Das grelle Neonlicht neben dem großen Spiegel lässt nichts verborgen. Also betrachtete ich die Problemzone, während ich gleichzeitig zog, drückte und abtastete. Tatsächlich. Direkt neben dem rechten Hoden spürte ich einen Knubbel. Einen ziemlich großen sogar.

»Fast wie ein dritter Hoden!«, lachte Thomas und steckte den Kopf durch die Tür. »Das ist wahrscheinlich der Grund für deinen unermüdlichen Einsatz.«

Ich konnte das Komische dieser Angelegenheit beim besten Willen nicht erkennen. Vor meinem inneren Auge verwandelte sich mein Lover aus Köln gerade in ein Häufchen Asche. Während die Panik in mir immer höher kroch.

»Ich muss mal telefonieren«, sagte ich. »Und du recherchierst schon mal im Internet, was das sein kann!«

Wie an einem Sonntagnachmittag auch nicht anders zu erwarten: Mein Freund Herbert, Geschäftsführer eines Hamburger Krankenhauses, war nicht zu erreichen. Dabei rief ich sogar auf seinem Notfall-Handy an. Warum ging er denn jetzt nicht dran? Wahrscheinlich trabte er mit der einen Hälfte der Hamburger Bevölkerung gerade um die Alster, um die Frühlingssonne zu genießen. Die andere Hälfte, die an der Elbe spazieren ging, war Herbert einfach nicht schick genug. Also sprach ich ihm auf Band: »Hier ist Eric. Ruf mich zurück. Ich brauche von dir dringend die Adresse eines guten Urologen. Den Besten, den du kennst!«

Ich sah Thomas über die Schulter. Er hatte die Seite *www.hodenkrebs.de* aufgerufen und ich hatte das Gefühl, jemand würde hinter mir gerade ein sehr großes Messer wetzen. »Das ist wahrscheinlich eine Ansammlung von Sperma. Kein Tumor«, sagte er und deutete auf eine Grafik. »Und ganz und gar ungefährlich.«

Das klang beruhigend. Aber nicht genug. »Morgen früh um acht stehe ich vor der Türe eines Urologen.«

»Wird schon nicht so schlimm sein«, meinte Thomas mitfühlend. »Und bei der Gelegenheit kannst du auch gleich eine Prostata-Untersuchung machen lassen.«

Bei der Vorstellung verkrampfte sich sofort alles.

Am nächsten Morgen besuchte ich den Urologen, dessen Adresse mir Herbert noch in der Nacht per SMS geschickt hatte. Kaum hatte ich das Wartezimmer betreten, wurde mir ein Pappbecher gereicht, auf dem mit rotem Edding mein Name stand.

»Dies ist bei uns eine Standardprozedur für jeden Patienten. Wir brauchen eine Urinprobe von Ihnen«, sagte die Schwester. »Hinten im Gang links sind die Toiletten. Dort lassen Sie dann auch den Becher, bitte.«

Ich hatte auch nicht wirklich erwartet, dass ich den Becher noch für Cappuccino brauchen würde. Ich stapfte also mit meinem Becher in der Hand den Gang entlang, um dort einen ausländischen Mitbürger zu treffen, der offensichtlich ein paar Schlüsselwörter in dieser Aufforderung an die Patienten nicht verstanden hatte. Jedenfalls hielt er seine offene Hose mit einer Hand und pisste vor meinen Augen und direkt vor der Tür zur Herrentoilette mit kräftigem Strahl in seinen Becher, den er in der anderen Hand hielt. Auch ein Erlebnis, das Sie nur beim Urologen erwarten dürfen!

An sich finden Jungs Ärzte ja ganz in Ordnung. Sind ja schließlich Menschen, die einem helfen sollen. Kein Problem. Denn wir mögen es, wenn man sich um uns sorgt. Aber schon beim Fiebermessen mit einem Thermometer im Po verweigern sich Jungs und würden sich lieber im Kleiderschrank verstecken. Sie können sich vorstellen, was dann die Androhung einer Prostata-Untersuchung durch einen Urologen in uns auslöst? Pure Panik.

Ich weiß, was Sie denken: »Wegen eines Fingers im Hintern muss doch gerade der sich nicht so anstellen! Das ist doch höchstens wie ein Nachmittags-Diät-Snack für ihn.«

Nein, da muss ich widersprechen: Klar, es gibt garantiert Momente, in denen die Massage jenes erbsengroßen Organs namens Prostata für eine Menge Spaß sorgen kann – aber nur wer von Doktorspielen sexuell erregt wird, freut sich, wenn es heißt: »Beugen Sie sich nach vorne, stützen Sie sich auf die Ellenbogen auf. Entspannen Sie sich und denken Sie an was Schönes!«

Jungs liefern sich anderen Männern einfach nicht gerne aus. Auch nicht deren Zeigefinger! Probieren Sie es doch einfach mal aus. Sagen Sie am Sonntagmorgen zu Ihrem Liebsten beim Frühstückstisch, was Sie als Abonnentin des Gesundheits-Newsletters von *medizin.de* gerade wieder gelernt haben: »Ab 30 sollten Männer regelmäßig zum Urologen, steht hier. Wann warst du eigentlich das letzte Mal? Weißt du was, ich werde dich gleich morgen anmelden!«

Was immer Sie Schönes für den Nachmittag geplant hatten: Vergessen Sie es einfach. Diesen Tag haben Sie ruiniert. Unwiederbringlich. Und hüten Sie sich, den Vergleich mit dem Frauenarzt zu bringen. Von wegen, Frauen würden ja auch einmal im Jahr zur Vorsorge gehen. Dann paaren Sie die »Ich will nicht, dass jemand seinen Finger in meinen Hintern stochert«-Panik mit der »Das haben sich Frauen ausgedacht, um sich daran zu rächen, dass ich keine bin«-Verschwörungstheorie. Damit treiben Sie jeden Mann garantiert aus Ihrer Nähe.

Etwas Kaltes und Nasses im Genitalbereich riß mich aus meinen Gedanken. Der Glibber für die Ultraschalluntersuchung lief langsam und schleimig in den Schritt.

»Sehen Sie mal, da ist dieser Knoten«, sagte Dr. G. und deutete auf etwas, das man ohne Medizinstudium höchstens als ein weiteres undefinierbares Ultraschallbild bezeichnen könnte. »Hier staut sich etwas Sperma und bildet einen Knoten. Ganz ungefährlich und sollte nur operiert werden, wenn es sehr groß und störend wird.«

»Das bin ich ja beruhigt«, sagte ich und tat ganz eilig. »Dann kann ich ja gleich gehen. Ich habe nämlich noch einen Termin.«

Dr. G. drückte mir ein paar Tücher Küchenrolle in die Hand und grinste verständnisvoll. »Wischen Sie das doch einmal ab und stellen Sie sich dann noch einmal hin. Wir sind noch nicht fertig.«

»Wollen wir nicht lieber das nächste Mal …«, stammelte ich. Obwohl ich wusste, dass ich keine Chance hatte.

Egal, welche Ausrede mir einfallen würde, er hatte sie garantiert alle schon einmal gehört.

Er griff in eine Box mit Handschuhen. »In Ihrem Alter ist das zwar noch nicht nötig, aber wenn Sie schon einmal da sind, sollte man die Gunst der Stunde nutzen.« Dann drehte er mich zur Seite. »Und jetzt lehnen Sie sich einfach mit den Händen gegen die Wand……«

Ich ertrug das Unvermeidliche heldenhaft. Und wünschte dabei Dr. G. ein paar tief gehende Erfahrungen bei einem Fister-Treffen.

Im weiteren Verlauf des Vormittags diagnostizierte Dr. G. außerdem die Neigung zu Hämorrhoiden und einen beidseitigen Leistenbruch.

»Wir sehen Sie dann in einem Jahr wieder, Herr Hegmann!«, verabschiedete mich die Dame am Empfang mit einem wissenden Lächeln. Ich kann es kaum abwarten!

Jungs brauchen ihre Freiheit

Sabine klappte das Schirmchen ihres Eisbechers vorsichtig zusammen. Dann verstaute sie ihn unter meinen verwunderten Blicken in ihrer Handtasche.

»Wenn ich nachts meinen Kühlschrank plündere und den Familien-Eimer Häagen-Dasz auslöffle, habe ich gerne das Gefühl von Eisdiele«, erklärte sie mir.

»Frust-Fressen oder PMS?« fragte ich.

»Manchmal beides. Dann reicht das Schirmchen nicht mehr.« Sie atmete tief aus und schaufelte sich mit der Waffel eine halbe Kugel Schokoladeneis in den Mund. »Warum sind Jungs eigentlich so kompliziert? Wenn man sie in Ruhe lässt, wollen sie mehr Zuneigung und brauchen die doppelte Ration Streicheleinheiten. Aber wenn sie dann Zuwendung erhalten, fühlen sie sich erdrückt, brauchen ihre Freiheit und entdecken Spontaneität und Selbstbestimmung als die Krönung ihrer persönlichen Werte-Liste.«

Sabine stellte da zwischen Sahne, Fett und Geschmacksverstärker gerade die 1-Million-Euro-Frage: Warum kämpfen Männer so vehement um ihren Freiraum in einer Beziehung – und wissen dann nichts mit ihm anzufangen?

Es gibt Regalwände mit Büchern zu diesem Thema: Von Beziehungsverweigerern ist da die Rede, von passiv-aggressiven Männern, von Angst vor Nähe und Verlust des Kindheits-Ichs. Ich glaube nicht daran, dass Partner aneinander herumpsychologisieren sollen. Aber sicher hilft es, gewisse Persönlichkeitsstrukturen des anderen zu erkennen und zu verstehen, um sie dann akzeptieren zu können.

Mein Kölner Wochenend-Lover Thomas schickte mir am Tag etwa fünf SMS. Kurze, sehr liebe Nachrichten und Gedanken, die ihm einen Anteil an meinem Alltag sichern sollten. Ich schrieb mindestens genauso viele zurück – und wollte ihn dennoch nicht integrieren.

Da kommt zum Beispiel am frühen Abend aus Köln ein kurzes Aufstöhnen über die Hitze und dass man sich eigentlich nicht bewegen sollte.

»Werde jetzt den Rechner ausschalten und mit dem Motorrad eine Runde drehen«, schicke ich zurück.

»Da wäre ich gerne mit dabei. BFK.«

»Was bedeutet BFK?«, war meine Antwort. Wohl wissend, dass Thomas auf den Kommentar gehofft hatte: »Ich würde mich auch freuen, wenn du jetzt hier wärst.« Aber das hatte er selbst verbockt, indem er die Vorlage für meine Frage lieferte.

»Besonders fetter Kuss. Den ich am liebsten selbst überbringen würde«, schrieb er nun zurück. Deutlicher konnte er nun kaum mehr werden.

»Werde jetzt losdüsen und ein paar Freunde treffen. Noch einen schönen Abend.«

Das war hart, aber ehrlich – zwei Informationen, die ihm als Fakten mal schnell vor die Augen gehauen wurden: Sein Hamburger Lover würde den Ausflug gar nicht alleine unternehmen, wie er das angenommen hatte. Anderes war ja auch vorher einfach nicht erwähnt worden. Und: »Freunde« stand da. Ohne weitere Erklärung. Das ging ihn also nichts an. Er könnte natürlich nachfragen. Aber damit würde er ja meine ständige Angst bestätigen, ich müsse mich für meine Freizeitgestaltung rechtfertigen. Thomas sollte akzeptieren, dass zu meinem Freiraum gehörte, Informationen zurückzuhalten.

Sabine hatte gerade Sven kennen gelernt, einen netten Mann, der nur einen Fehler aufwies: Er wollte sich nicht binden.

»Weißt du, wie satt ich diese Spielchen habe?«, fragte sie. »Das ist wie ein Hindernislauf: Überall werden Fallen aufgestellt. Und du musst dann wie ein Dressurpferd schön außen rum oder oben drüber springen. Aber glaub nicht, dass du damit dem Ziel einen einzigen Meter näher kommst. Dein Weg führt schön im Kreis und dient nur dazu, dein Geschick und deine Tauglichkeit zu testen. Am Ende erhältst du eine Gesamtnote, die dich qualifiziert, eine Rolle in seinem Leben spielen zu dürfen: als Freundin, als Geliebte, als Partnerin.«

Ich spielte mit dem Strohhalm im Eiskaffee. »Welchen Part hättest du denn gerne? Weißt du das? Dann kannst du dich entscheiden, ob dir die Rolle gefällt, die er für dich ausgewählt hat. Aber es sieht ehrlich gesagt nicht so aus, als würde er dich wirklich an sich heranlassen.«

»Sven ist jemand, der nicht einmal die Verantwortung für einen Goldfisch übernehmen könnte. In seiner Wohnung gibt es keine Grünpflanzen, denn die müssten ja regelmäßig gegossen werden. Die würden es ihm unmöglich machen, spontan eine Woche nach Nizza zu fliegen, und er müsste sich einen Ficus-Sitter engagieren. Übrigens eine Marktlücke, falls du noch eine Geschäftsidee brauchst.«

Was ist für einen Mann die größte Freiheit? Nach einer Umfrage eines US-Magazins steht auf Platz 1 die Selbstbestimmung über die Tagesplanung. In der Praxis sieht das so aus: Es ist Donnerstag und Sie wollen sich mit einem Mann zum Kaffeetrinken am Samstagnachmittag verabreden. Als Antwort erhalten Sie nicht etwa einen Ort und einen Zeitpunkt. Sondern nur die Bestätigung: »Das geht klar. Ich freue mich drauf.« Und nun? Sie wissen, er wird Sie anrufen oder vorbeikommen. Das ist klar. Aber warum sagt er nicht schon die wichtigen Eckdaten? Weil er sich das noch offen lassen möchte. Vielleicht möchte er vorher noch zum Sport. Wenn es regnet, wird er ins Studio gehen, bei Sonne vielleicht einmal über den See rudern. Nur: Was ist mit Ihrem Zeitplan? Wann werden Sie sich mit Ihren Freunden in der City zum Shoppen verabreden?

Bei manchen Jungs, deren Wertekanon vom Punkt »eigene Freiheit« angeführt wird, kann bereits die Frage nach einem konkreten Zeitpunkt zu einem wahren Machtkampf ausarten.

»Das weiß ich doch heute noch nicht!« ist eine gern benutzte Formulierung. Da ist der Unabhängigkeitstrieb schon aktiviert worden und fordert sein Recht. Das lässt sich jedoch steigern: »Du nimmst mir die Luft zum Atmen!« ist bereits ein deutliches Alarmzeichen. Hier haben Sie dann die Grenze überschritten. Sie sind in sein Leben eingetreten – obwohl Sie gewarnt wurden. Sie dürfen nun einen Territorial-Kampf erwarten, der mit voller Härte geführt wird.

Es liegt bei Ihnen, ob Sie sich einen Graben suchen, dort in Deckung gehen und warten, bis das Unwetter vorüber ist. Oder ob Sie in die Offensive gehen und eine Diskussion über Prioritäten, Werte, Umgangsformen und Respekt führen wollen.

Leider sind Jungs in diesem Punkt nicht auf der höchsten Stufe der Evolution angekommen. Stellen Sie sich doch einmal ein Löwenrudel vor. Alpha-Tier männlich sonnt sich auf dem Felsen, döst gemütlich und genießt die Aussicht auf die Savanne unter ihm. Da kommt ein anderes Tier der Herde, baut sich am Rande des Felsens auf, macht ein paar Entspannungsübungen und streckt sich den wärmenden Strahlen entgegen. Sonne und Ausblick sind damit verbaut. Was wird wohl passieren? Glauben Sie, der König der Tiere wird nun über seine Ansprüche diskutieren? Nein. Er wird einmal laut brüllen: »Geh mir aus der Sonne und aus den Augen!« Und sollte der Eindringling dem nicht folgen, wird er einmal ausholen und ihn vom Felsen stoßen.

Nun soll es zwar schon Jungs gegeben haben, die bei territorialen Grundsatzdiskussionen neuen Argumenten gegenüber nicht gänzlich verschlossen waren. Davon sollten Sie aber nicht ausgehen. Denn diese Auseinandersetzung empfinden Männer als Zwang, sich für etwas Selbstverständliches rechtfertigen zu müssen. Und damit sind wir auf Platz zwei der Freiheits-Hitliste: eigene Entscheidungen nicht begründen zu müssen.

Wenn Jungs davon träumen, mit einer Harley durch den Mittleren Westen zu fahren, dann steckt dahinter die Vorstellung, ohne Zeitdruck, ohne Erklärungszwang und ohne Sinn, nur des reinen Genusses wegen Zeit zu verbringen. Da wird ein Zwischenstopp eingerichtet, wenn die Blase drückt – und nicht wenn die Kinder quäken. Da wird beim Burgergrill gehalten, weil genau jetzt der kleine Hunger schreit. Unabhängig von der Reservierung im Zwei-Sterne-Restaurant in einer Stunde. Einfach so. Ohne Diskussion.

»Alles Egoisten!«, werden Sie jetzt empört rufen.

»Dominantes Kindheits-Ich«, sagen Psychologen.

Ich denke: »Typisch. Jungs sind so.«

Es ist ja nicht so, dass die Y-Chromosom-Träger prinzipiell Nähe oder Beziehung ablehnen würden. Oder nicht gelegentlich das Bedürfnis nach Verbundenheit mit dem einen Seelenverwandten verspürten. Doch der Drang nach Freiheit ist stärker. Selbst in einer Partnerschaft werden Jungs auf ihrem eigenen Bereich bestehen – und wenn es, wie bei meinem Großvater, die Eisenbahn im Hobbykeller ist.

Patrick Henry schrieb 1775: »Give me freedom or give me death!« – »Gib mir Freiheit oder den Tod!« Wir können zwar davon ausgehen, dass Heteros wie Homos sich heutzutage lieber auf einen Partner einlassen, als von der Köhlbrandbrücke zu springen. Aber die Androhung, ihre Entscheidungsmöglichkeiten einzuschränken, löst bei Jungs Panikattacken aus.

Doch was wollen sie eigentlich entscheiden?

In den meisten Fällen geht es um das Gras, das auf der anderen Seite des Hügels grüner sein könnte. Um die Hoffnung, vielleicht etwas Besseres zu finden und sich zu früh festgelegt zu haben. Horden von – meist männlichen –

Experten haben versucht, Gründe dafür zu finden. Besonders charmant ist die These, dass nach etwa 3-5 Jahren, wenn die Kinder aus dem Gröbsten raus sind, die innere Uhr im Mann das Ticken beginnt und darauf aufmerksam macht, dass es an der Zeit wäre, die Erbanlagen neu unters Volk zu bringen. Dumm für die Mutter, denn die hat den Nachwuchs zu diesem Zeitpunkt noch eine ganze Weile am Rockzipfel. Diese Theorie kann aber auch eine Ausrede sein, um pünktlich zur Midlife-Crisis Kind und Ehefrau für eine Jüngere zu verlassen.

Auch wenn schwule Jungs sich eher selten auf Fortpflanzung einlassen – diese innere Uhr haben sie ebenso ab Werk mitbekommen wie ihre heterosexuellen Geschlechtsgenossen. Manchmal denke ich, sie ist bei den Homos sogar schneller getaktet – die ersten Expeditionen aufs Weideland des Nachbartals starten meist schon vor Ablauf der ersten drei Jahre.

»Ich wünsche ihm, dass er sich in eine Frau verliebt, die ihn so behandelt wie er mich«, sagte Sabine. »Wo er alle Mauern abbricht, sie so richtig nah an sich heranlässt, bis er nicht mehr durch den Tag kommt, ohne 24 Stunden an sie zu denken.«

»Wie soll das passieren?«, lachte ich mit einer Version von Charme, wie sie nur Schwule ungestraft an einer Frau praktizieren dürfen. »Meinst du, die Traumprinzessin kommt vorbei, die so perfekt ist, dass er nie wieder an eine andere denken wird?«

»Danke. Ich weiß selbst, dass ich nicht zur Traumprinzessin tauge. Die gibt es wohl nur im Märchen. Aber wenn plötzlich Gefühle ins Spiel kommen, ist Perfektion nicht mehr wichtig. Und das geschieht immer irgendwann.« Sabine wirkte einen Moment wie eine der drei Hexen aus Macbeth, und ich hoffte, dass deren Fluch mich nie treffen würde.

Jungs pinkeln lieber im Stehen

Zur Suppe verkündete Nina, dass Chris und sie entschieden hatten, das wider Willen gezeugte Kind auf die Welt zu bringen.

»Ich werde versuchen, möglichst schnell wieder für die Agentur zu arbeiten. Am besten von zu Hause aus«, sagte sie zwischen zwei Löffeln Zitronengras-Cocos-Hühnersuppe. »Susanne hat mir schon die Nummer ihrer Tagesmutter gegeben. Und bei der Kindertagesstätte in der Bellevue sind wir bereits auf der Warteliste.«

Chris lehnte sich grinsend zurück. Vaterstolz glühte aus seinen Augen.

»Da gibt es diesen katholischen Hort im Hofweg«, plapperte Nina weiter. »Allerdings muss das Kind dann getauft werden. Sonst werden wir nicht einmal zu einem Vorstellungsgespräch eingeladen. Und das, obwohl der Papst immer wieder so einen Mist erzählt.«

»Wisst ihr denn schon, ob es ein Junge oder ein Mädchen wird?«, nutzte ich ihre Löffelpause für eine Frage.

Den urplötzlich erstarrenden Blicken meiner Gastgeber nach zu urteilen war dies ganz offensichtlich kein intelligenter Einschub.

»Hab' ich was Falsches gesagt?«, fragte ich bemüht fröhlich. »Kann man das jetzt noch nicht feststellen? Oder ist es nicht mehr zeitgemäß, vorab die Frage nach blauer oder rosa Babykleidung klären zu lassen?«

»Es wird natürlich ein Junge«, erklärte Chris mit tiefer Stimme.

»Das wissen wir doch noch gar nicht sicher«, konterte Nina spitz. »Durch die Fruchtwasseruntersuchung kann das nicht hundertprozentig festgestellt werden.«

»Ich bin mir sicher, dass wir Glück haben.«

»Und ein Mädchen wäre Pech?«

Uhoh! Ich versuchte die Atmosphäre zu lockern. »Wenn ihr noch einen schwulen Patenonkel braucht: Shoppen bei Baby-GAP gehört zu meinen Lieblingsaktivitäten. Die haben einfach die niedlichsten Sachen.«

»Lass uns den Bären erst einmal erlegen, bevor wir sein Fell verteilen«, meinte Chris.

»Ich weiß nur, dass ich nicht noch einen Steh-Pisser in diesem Haushalt brauche«, zischte Nina.

Mein Stichwort für einen Gang auf die Toilette. Die Luft flimmerte im Esszimmer bereits wie in einer alten Western-Stadt zum High Noon.

Das Gäste-WC war eindeutig von Nina eingerichtet: funktional, steril und ohne jeglichen Schnickschnack. Nicht einmal eine Duftkerze auf der Ablage. Dafür Sagrotan-Tücher. Oft hatten die beiden anscheinend nicht schwulen Besuch. Die würden die Box vermutlich mit dem Spender für feuchtes Toilettenpapier verwechseln. Mir wurde wieder klar, was an der TV-Serie »Will und Grace« nicht stimmt: Er ist Anwalt und sie Innenarchitektin. In Wirklichkeit wäre das genau andersherum.

Ich stand vor der Toilettenschüssel und öffnete den Deckel. Und da war er wieder: dieser doofe Aufkleber. Ein im Stehen pinkelndes Männchen, mit einem roten Kreis umrandet und von einer schrägen Linie wie auf einem Halteverbotsschild durchgestrichen. Wenn Sie dieses designte männerfeindliche Statement sehen, dann sind Sie in einem Haushalt, in dem Jungs zu widernatürlichem Verhalten gezwungen werden: zum Pinkeln im Sitzen.

Meist ist dieses Warnschild nicht an der Wand in Blickhöhe, sondern erst auf der Innenseite des Toilettendeckels angebracht. Also so, dass nach dem Anblick kaum noch Zeit bleibt, die Harnröhre fest zusammenzupressen, verschreckt den Pimmel zurück in die Unterhose zu packen, sich umzudrehen, die Hose nach unten zu ziehen und sich auf die Toilette zu setzen.

Frauen fragen immer: »Und wo genau ist euer Problem damit?«

Standard-Antwort: »Nicht *wir* haben das Problem.«

»Und warum pinkelt ihr dann im Stehen?«

»Weil wir es *können.*«

Damit ist das Gespräch meist beendet. Zumindest der konstruktive Teil. Alles, was danach kommt, ähnelt überwiegend dem Niveau des nachmittäglichen Talkshow-Zirkus der privaten Sender. Lassen Sie uns also ein Stück nach vorne springen und zuerst die Antworten der Männer auf die häufigste Kritik der Frauen betrachten: »Ihr pinkelt ja immer daneben!« Was also sagen die Männer, wenn Frauchen sie auffordert: »Sitz!«?

»Das ist völlig abwegig«, meinte der Feuerwehrmann. »Und überhaupt: Wenn ich mich hinsetze, dann hängt er immer im Wasser der Spülung. Der ist nun mal so lang – und das muss ja nicht öfter sein als unbedingt nötig.« Seine Lebensgefährtin Miriam lachte heiser auf, schwieg aber nach einem wirklich sehr bösen Blick des geplagten Schüssel-Opfers.

Ben schaute mich verständnislos an: »Ich gehe ja auch nicht in eine Kabine, wenn ich pinkeln muss, wie diese schüchternen Jungs, die Angst haben, dass ihnen der Nachbar ein Stück abschaut. Ich erledige das wie ein echter Mann – im Stehen.«

Ellis verneinte schlicht das Problem: »Ich habe früh gelernt zu zielen. Und sollte dennoch mal ein Tropfen daneben gehen – wenn ich sehr, sehr viel getrunken habe oder stundenlang nicht auf die Toilette gehen konnte –, dann nehme ich einen Fetzen Klopapier und wische die Spritzer auf. Das ist doch kein Akt, oder?« Sinja, die Mutter seiner Kinder, verzog erstaunt das Gesicht. »Der Tag, an dem das geschieht, wird als Feiertag unseren Hochzeitstag ablösen. Das verspreche ich«, sagte sie.

Wir können also feststellen: Weder meine heterosexuellen noch meine homosexuellen Freunde haben wirklich ernst zu nehmende Argumente. Alle sind ziemlich albern, und wenn ich objektiv sein soll: Sie ergeben nicht einmal wirklich Sinn. Und seien wir ganz ehrlich: Es stimmt schon, dass es bei vielen Jungs mit dem Zielwasser nicht weit her ist. (Ich habe mal recherchieren wollen, ob beschnittene Kerle besser zielen können als die unbeschnittenen, ob also dieses kleine Stückchen Haut sozusagen den Strahl womöglich umleitet, den man zuvor natürlich perfekt ausgerichtet hatte. Meiner kleinen repräsentativen Umfrage zufolge macht das keinen Unterschied.) Allerdings ist das noch kein Grund für das Pinkeln im Sitzen. Denn niemand setzt sich gerne auf eine Toilette, die andere ebenfalls benutzen. Und Jungs, die nur über der Schüssel hängen, irgendwie an die Wand geklammert und dabei die Hose balancierend, treffen garantiert nicht. Höchstens die eigenen Textilien. Hinzu kommt: Auch im Sitzen landet manches da, wo es nicht hin soll. Sei es, weil der ungünstige Stellwinkel der Morgenlatte den Urin beim Sitzpinkeln waagerecht zwischen Klobrille und Porzellanrand presst; sei es, weil man im Sitzen schlechter abschütteln kann, so dass durch die zwangsläufige Muskelkontraktion beim Aufstehen ein paar letzte Tropfen, die sonst senkrecht und sauber ins Becken getropft wären, auf der Klobrille landen.

Immer aber, wenn Männer sich – wie oben gezeigt – mit völlig blödsinnigen Argumenten gegen einen Vorwurf wehren, fühlen sie sich zu weit in die Ecke gedrängt. Lassen Sie uns also nachsehen, warum die Jungs das Recht auf das Pinkeln im Stehen so verbissen verteidigen und welches die Pro-Argumente sind.

These eins: »Jungs können ihre Blase aus anatomischen Gründen besser im Stehen entleeren. Schon wegen Druck und so.«

Das ist wahrscheinlich hanebüchener Unsinn. Durch die Flexion im Hüftgelenk verändert sich der Winkel des Weges von der Blase zur Harnröhre kein bißchen. Mag sein, dass wir ganz subjektiv das Gefühl haben, die Schwerkraft würde uns helfen, einen besonders kräftigen Strahl plätschern zu lassen. Und selbstverständlich klingt das beim Aufprall dann viel satter, wozu auch immer das gut sein soll und wem auch immer das imponieren mag. Aber es ist uns wichtig.

These zwei: »Jungs wollen ihren Pimmel dabei anfassen.«

Das ist einfach so. Wahrscheinlich ist die Situation gar nicht so wichtig. Hauptsache, man darf ihn mal wieder anfassen, ohne dafür schief angesehen zu werden oder etwas auf die Finger zu bekommen. Sie wissen ja, Jungs spielen immer an ihrem Ding. Dafür gibt es auch nicht wirklich einen Grund. Außer dass er eben da ist. Und deshalb natürlich unsere Aufmerksamkeit erhält.

These drei: »Manchmal muss es ganz schnell gehen.«

Leider wahr – und redlicherweise eher ein starkes Argument *gegen* das Stehpinkeln. Ich wohne im Hamburger Stadtteil St. Pauli. Für Ortsfremde: Das ist der Bezirk, in dem die weltberühmte Reeperbahn beheimatet ist. Hier gibt's billige und teure Mädchen in miesen Spelunken und angesagten Clubs; und hier mischen sich trendige Party-People und besoffene Touristen. Alle haben Durst – und alle wollen die 20 Cent für die öffentliche Toilette sparen. Also wird munter in den nächsten Hauseingang oder Hinterhof gepisst. Sie werden es nicht glauben: Manche pinkeln sogar in Briefkästen!

These vier: »Das ist das Einzige, was uns vom überlieferten Markieren des Reviers oder des Eigentums übrig geblieben ist.«

Ja, das machen nicht nur Hunde! Ein Beispiel aus der Kindheit: Haben Sie schon mal kleinen Jungs im Winter beim Spielen zugesehen? Erst wird versucht, ein Iglu zu bauen – das scheitert in unseren Regionen dann rasch am Mangel von Schnee und an der Technik. Denn es braucht dazu ja eigentlich Eis. Frustriert wird der gesammelte Schnee also zusammengeklatscht und in einen Schneemann verwandelt. Der ist unten sehr breit, oben sehr schmal, für den Kopf fehlt meist ausreichend Baustoff, die Arme fallen weg. Aber er bietet Schutz vor den Blicken neugieriger Passanten. Denn jetzt wird das Kunstwerk von den Schöpfern signiert. Oder kennen Sie einen Schneemann, an dessen Fuß keine gelben Spuren zu sehen sind? Sie dachten immer, das wären die Hunde des Nachbarn? Weit gefehlt. Das ist schlichte Verdeutlichung des Besitzanspruchs.

These fünf: »Es beweist uns einfach, dass wir Männer sind.«

Mädels können das eben nicht. Aber wir. Jungs sind darin so gut, dass sie Wettbewerbe im Weitpinkeln veranstalten. Mit der allergrößten Begeisterung. Das ist Spiel und Sport in einem. Dafür trinken sie sogar noch ein paar Bier extra, wenn nötig. Außerdem kann man dabei unauffällig einen Blick auf den Pimmel des Nachbarn werfen: Man will ja wissen, in welcher Liga die Konkurrenten oder potenziellen Lover spielen!

These sechs: »Es ist schlicht und ergreifend bequemer und geht schneller.« Stimmt ganz eindeutig. Wenn man sich nicht die Hose bis unter die Knie ziehen muss, ist die Angelegenheit eins, zwei, fix erledigt. Oder woran liegt es wohl, dass die Schlange vor dem Frauenklo immer doppelt so lang ist wie die vor dem Pissoir? Weil wir – ganz wie beim Sex – sehr schnell sind, wenn man uns lässt.

»Brauchst du noch lange da drin?« Chris' Klopfen riss mich aus meinen Gedanken.

»Gleich fertig!«, sagte ich, stand auf und zog die Hose wieder hoch. Eine Sekunde überlegte ich, ob ich aus Protest aufs Händewaschen verzichten sollte. Schließlich hatte ich ihn ja nicht einmal angefasst. Aber das kam mir dann doch zu kindisch vor.

Jungs verlieren rasch das Interesse

Wir saßen an der Alster und schauten aufs Wasser. Neben uns bearbeitete Sabine ihren kleinen, aber praktischen Mini-Grill, auf dem nachher gerade mal fünf Würstchen gleichzeitig Platz finden würden. Auf der Decke dahinter knutschten Miriam und ihr Feuerwehrmann wie verliebte Pennäler. Sabine drehte eifersüchtig den rauchenden Grill so, dass die weiße Wolke genau in ihre Nasen zog. Aber es störte sie nicht. Zumindest unterbrachen sie ihr Spiel nicht ein einziges Mal. Es wirkte sowieso, als würden sie keine Luft benötigen.

Chris und Nina spielten Ball mit ihrem achtjährigen Neffen, der übers Wochenende bei ihnen abgegeben worden war. Die drei übten schon mal Familienleben.

Alles in allem waren wir eine entspannte Runde, die ihren ersten Grill-Abend in diesem Jahr an Hamburgs malerischem Binnengewässer verlebte. Es war schön und friedlich. Und beinahe etwas romantisch. Thomas schenkte mir aus der Thermoskanne eine Tasse heißen Roibuschtee ein. Alles deutete auf einen wundervollen Abend hin.

Irgendwann beschloss das Ziehkind meines Lauftrainingspartners, dass die Zeit reif war, mal wieder etwas anderes zu tun. Nach etwa zehn Minuten Werfen und Fangen im Kreis wechselte er in den Fußballmodus. Chris machte begeistert mit und die beiden sprangen herum wie Nachwuchs-Ronaldos. Nina konnte da nicht mithalten und half lieber Sabine bei unserem Essen.

»Kinder sind wirklich anstrengend«, sagte sie und stocherte in der Glut. »Nach spätestens einer Viertelstunde wird auch das spannendste Spielzeug langweilig und in die Ecke geworfen. Dann muss natürlich sofort ein Ersatz her. Ich weiß nicht, wie meine Schwester das 24 Stunden am Tag aushält. Und ich frage mich, wie ich das aushalten werde, wenn unser Kind da ist.«

Sabine fischte ein paar Würstchen aus der Kühltasche. »Du hast doch schon Übung mit Chris. Allen Jungs wird einfach schnell langweilig.«

»Sie können sich nicht auf eine Sache länger konzentrieren.«

»Völlig unmöglich. Dafür sind sie nicht geschaffen.«

»Das gilt auch für ihre Beziehungen«, seufzte Nina.

»Vor allem gilt das für ihre Beziehungen«, sagte Sabine und drückte mit einem gewissen Genuss die unschuldig glänzenden Würstchen mit dem Wender auf den heißen Grill. »Schon die Vorstellung, sie könnten gezwungen werden, etwas länger als unbedingt nötig zu tun, versetzt sie in Panik.«

»Deshalb hören sie beim Vorspiel auch in der Sekunde auf, in der sie vermuten, dass wir ausreichend vorbereitet sind für den Hauptgang. Dann ist das Ziel ja erreicht und ein anderer Reiz muss her.« Nina nahm Sabine das Werkzeug aus der Hand.

Es gibt Untersuchungen über die Aufnahmefähigkeit von Menschen, die ausgesprochen interessant sind. Bei Teststudien mit russischen Schülern wurden bei Jungs maximale Aufnahmekapazitäten von 22 bis 26 Minuten ermittelt. Die Aufgabe war nicht schwer: Die Probanden sollten Spielkarten nach verschiedenen Kriterien sortieren. Dabei wurden sie mehrfach abgelenkt. Dennoch gelang es ihnen, die Karten mindestens einmal in die gewünschte Ordnung zu bringen. Wenn sie nun die Aufgabe mit demselben Kartensatz wiederholen mussten, ging über die Hälfte der Jungs dankbar auf die Ablenkungen ein und brach ab. Bei einem neuen Kartenspiel hingegen ließen sich nur vier Prozent von ihrem Spiel abhalten. Das Ergebnis: Nicht die Tätigkeit wurde den Jungs fade. Sondern das Spielzeug.

Übertragen auf Zwischenmenschliches bedeutet das: Flirten, Daten und Sex machen Jungs Spaß. Aber eigentlich nicht länger als eine halbe Stunde. Dann muss bereits ein neuer Reiz gesetzt werden. Wer also eine lebenslange spannende Beziehung mit einem Kerl anstrebt, sollte bei einem Chamäleon in die Schule gehen.

Die beiden Mädels hinter uns lachten, während sie mit großer Freude die Würste zischend auf dem Rost wendeten. Thomas sah mich mit großen Augen an. Ich ahnte, was jetzt kommen würde. Mein Magen schmerzte und ich wollte mich am liebsten in die Fluten vor mir stürzen.

»Wann hast du eigentlich das Interesse verloren?«, fragte er.

Ich versuchte feige ein Ausweichmanöver: »Wie meinst du das jetzt?«

»Wann ich dir langweilig geworden bin, möchte ich wissen.«

Krawumm. Da kam jemand aber schnell auf den Punkt. Ich fühlte mich mit Schwung gegen eine Wand geschleudert, jemand hielt mich an meiner Kehle in die Luft und kleine weiße Sternchen kreisten vor meinem Auge.

»Hast du das Gefühl, dass du mich nicht mehr interessierst?«, wand ich mich. Dabei wusste ich, dass den Unwissenden zu spielen mich nicht aus dem Würgegriff befreien würde. Warum ich mich so furchtbar mies fühlte? Weil ich ohne Argumente und Antworten dastand. Denn Thomas hatte Recht. Nach einer beinahe sechsmonatigen Affäre über die Distanz von 500 Kilometern war unserer Beziehung die Leidenschaft abhanden gekommen. Wir sahen uns etwa alle zwei Wochen, und ich wusste, dass er in der Zeit dazwischen auch immer wieder Unterhaltung mit anderen gesucht hatte. Für mich hatte ich Monogamie sowieso von vornherein abgelehnt. Und tatsächlich hatte ich vor einer Woche jemanden kennen gelernt, der in meinem Bauch wieder ein paar Schmetterlingsflügel hatte schlagen lassen.

Thomas bemühte sich um ein Lächeln. »Ich weiß, dass du jetzt lieber nackt um die Alster laufen würdest als mit mir über Gefühle zu sprechen. Also lass uns den Abend genießen und später darüber reden.«

Und plötzlich bekam ich wieder Luft. Ich wollte gerade etwas Nettes formulieren, als Nina und Sabine die ersten fertig gegrillten Würstchen auslobten.

Als der Ruf »Essen ist fertig!« erschallte, war Chris etwa 30 Meter entfernt und fluchend damit beschäftigt, den ins Abseits geratenen Ball mit einem Stock aus dem Wasser zu fischen. Das Interesse seines Neffen hatte sich schon längst auf Grillwürstchen verlagert: Er sprang über die Decke mit dem immer noch verschlungenen Paar Miriam und Feuerwehrmann und forderte mit ausgestreckten Händen seine Nahrungsration ein.

Der Duft des Essens brachte schließlich auch die beiden Turteltauben aus ihrer horizontalen Stellung. Beide sahen ein wenig zerzaust aus, aber in ihren Augen leuchtete die Vorfreude auf die nächste Runde. Oder war es doch der Hunger?

»Da sind ja Fotos drin!«, rief unser kleiner Gast hoch erfreut, während er mit Fett-Senf-Händen eine Sammlung Bilder auf der Decke ausbreitete. Offensichtlich war er auf die Geldbörse des Feuerwehrmanns gestoßen. Und der hatte sich bisher wohl nicht von den Aufnahmen seiner zahlreichen Exfreundinnen getrennt.

Jungs glauben, es gibt immer etwas Besseres, Begehrenswerteres als das, was sie gerade in ihren Händen halten. Die Äpfel sind nebenan saftiger, die Schwester hübscher, die Nachbarin sinnlicher. Nicht nur die wirkliche Schwester oder die wirkliche Nachbarin. Aber es gibt ja so viele von denen da draußen.

Leider funktionieren die neuen Spielsachen kein bisschen anders als die alten zu Hause. Die Regeln bleiben gleich, der Spielablauf ebenso. Und auch die Spielsachen selbst – die ehemaligen Freundinnen des Feuerwehrmannes waren alle schlank und trainiert gewesen, hatten alle lange braune oder dunkle Haare und alle eine leicht überdurchschnittliche Oberweite. Die Damen hätten Schwestern sein können.

Das sah Miriam genauso. »Dein Beuteraster ist nicht allzu vielfältig«, meinte sie. »Und was bin ich froh, dass ich da hineinfalle.«

Thomas schaute mich fragend an. Ich lächelte ihm aufmunternd zu und wusste, dass ich ihm irgendwann sagen musste, dass sein Nachfolger ebenfalls groß, dunkelhaarig und gut trainiert war.

»In welchem Zeitraum hast du denn diese stattliche Zahl von Freundinnen verschlissen?«, fragte ich den Feuerwehrmann, der seine senfgelben Fotos wieder einsammelte.

»Acht Frauen in vier Jahren. Aber keine war perfekt. Bis ich Miriam traf. Sie ist so, wie ich mir meine Traumfrau immer vorgestellt habe.«

»Offensichtlich.« Ich fragte mich, was ihn so sicher machte, dass er sie dieses Mal gefunden hätte. Und ob er das bei jeder anderen Freundin auch gedacht hatte.

»Diese Mädels waren ausnahmslos klasse Frauen«, erklärte er. »Doch sie konnten mich nicht lange faszinieren. Sie entsprachen zwar exakt meinem Typ, aber die Leidenschaft verflog nach kurzer Zeit. Miriam ist wie eine Kiste Lego-Steine: dasselbe Spiel, aber Millionen Möglichkeiten und deshalb nie langweilig.«

Ein schönes Bild. Jedoch hatte ich dabei den alten Witz vor Augen: Fragt ein Schwuler einen Hetero: »Was ist der Unterschied zwischen Sex und Lego?« Antwortet der Hetero: »Weiß ich nicht.« Meint der Schwule hämisch: »Dann spiel weiter mit Lego!«

Jungs kriegen keinen vernünftigen Break-up hin

Arnies Handy fiepte aufgeregt, bereits seit zwei Minuten. Wir saßen im ICE von Köln nach Hamburg, und die beiden Mädels, die uns gegenüber am Tisch saßen, verdrehten schon genervt die Augen.

»Willst du nicht rangehen?«, fragte ich.

Mein Kollege seufzte ergeben und drückte den Signalton weg. »Nein. Das ist kein Gespräch, das ich in einem Zug führen möchte.«

»So schlimm?«

»So schlimm.«

»Eine Affäre, die du abserviert hast?«

Arnie nickte. Die beiden Mädchen sahen sich kurz an und ihre Ohren schienen auf die Größe von Obstschalen anzuwachsen.

»Wann hast du denn mit ihr gesprochen?«, fragte ich. »Wir sitzen seit 7 Uhr morgens in diesem Zug. Und du hast nicht einmal telefoniert.«

»Ich habe ihr eine SMS geschickt, als wir losgefahren sind.«

Mir wurde klar: »Die SMS ist offenbar eben angekommen und die Empfängerin hat das dringende Bedürfnis, mit dir zu sprechen. Was ich verstehen kann, denn ein Break-up via SMS ist sogar für deine Verhältnisse eine wirklich miese Nummer.«

Der Begriff »Schlampe« wird im Allgemeinen für Frauen benutzt, deren Treue- und Ehrgefühl im zwischenmenschlichen Bereich wenig ausgeprägt ist. Interessanterweise gibt es im deutschen Wörterbuch kein echtes Pendant für Männer. Dabei können wir mit Fug und Recht davon ausgehen, dass Jungs bei der Verteilung dieser Tugenden nicht: »Ich will auch noch was!« geschrien haben. Vermutlich sind sie einfach an den Stand mit Skrupellosigkeit und Potenz geflüchtet, obwohl die Schlange dort furchtbar lang war.

Mein Berliner Arbeitskollege Arnie hatte sich dort mit allen schlechten Eigenschaften prächtig eingedeckt und wenn es eine männliche Schlampe in meinem Bekannten- und Freundeskreis gibt, dann ist er das.

Sein Verschleiß an Frauen gereichte einem durchschnittlich promisken Großstadt-Homosexuellen zur Ehre: Zwei Neue pro Woche waren es eigentlich immer. Offenbar war er dabei ziemlich gut, denn die Mädels forderten meistens eine Wiederholung, manche sogar ein Abo. Das wollte Arnie so gut wie nie. Nach spätestens drei Wochen hatte er das Interesse verloren und die Damen wurden abserviert. Und wenn es schnell gehen musste, sogar per SMS.

Warum stellen sich Jungs bei einem Break-up so furchtbar an? Meine Thesen sind: 1. Weil sie am Ende gut dastehen möchten; 2. weil sie sich und dem Partner eigentlich nicht wehtun wollen und 3. weil sie darüber hinaus noch feige sind.

Die weiter unten genannten Beispiele werden Ihnen möglicherweise die Lust nehmen, sich jemals wieder mit einem aus dieser Spezies einzulassen!

Bevor wir diese Varianten durchgehen, möchte ich noch eine vorstellen, die eigentlich kein echter Break-up ist, da er vermieden wird – übrigens der Weg, den Jungs am liebsten gehen, weil er ihrer bequemen Natur am besten entspricht. Es ist der »Ich-melde-mich-einfach-nicht-mehr«-Abschied. Der kommt in der Regel unverhofft. Ohne Ankündigung wird der Rückzug eingeläutet. Die Leidenschaft ist plötzlich erloschen. Schade, dass der andere davon noch gar nichts weiß.

Rückfragen? Sinnloses Unterfangen. Früher scheiterte die oder der Verlassene am Anrufbeantworter, dem Türsteher eines jeden polygamen Haushaltes. Im digitalen Zeitalter verhindert die automatische Nummernkennung das klärende Gespräch. Es hilft auch nicht, als Opfer eines solchen Break-ups anonym anzurufen, also die Nummernkennung zu unterdrücken, wie das auf Telekommunikationsdeutsch heißt. So schlau sind Jungs dann doch, dass sie dann den Anruf gar nicht erst annehmen. Dann hört der Anrufer nur: »Dieser Anschluss ist vorübergehend nicht erreichbar.« Oder: »Hier spricht die Mailbox von ...«

Sie wissen, dass Sie abserviert wurden, wenn Ihr Ex ohne Angabe von Gründen länger als drei Tage nicht erreichbar war und sich im selben Zeitraum nicht bei Ihnen gemeldet hat.

Nach Wochen werden Sie ihm dann irgendwo begegnen. Er wird charmant sein. Auf Ihre Frage: »Warum hast du dich nicht mehr gemeldet?« wird er etwas von »Viel Arbeit, keine Zeit, war verreist« reden. Und Sie werden wissen, er meint eigentlich: »Ich hatte keine Lust.«

Eine amerikanische Frauenzeitschrift hat eine Umfrage unter ihren Leserinnen gestartet. Dabei wurde eine Hitliste der schlechtesten Break-up-Medien gekürt. Auf Platz eins stand die SMS, danach folgte die E-Mail und schließlich der Anrufbeantworter oder die Mailbox des Mobiltelefons.

Näher betrachtet ist das nicht erstaunlich, denn alle diese Methoden sind typisch männliche Nicht-Kommunikation. Für Jungs, die lieber täglich den Müll rausbringen würden als ein »Unsere-Beziehung«-Gespräch zu führen, hat die moderne Kommunikations-Gesellschaft ein paar klasse neue Wege eröffnet. Die haben alle eines gemeinsam: Mann muss dazu dem Beinahe-Expartner nicht in die Augen sehen.

Jungs wollen dann keine langen Vorträge halten. Es geht nicht darum, sich zu erklären oder Vermutungen anzustellen, warum die Beziehung nicht mehr funktionierte.

In der Regel wird der Grund sowieso sein: »Wir hatten keinen Sex mehr« oder »Im Bett war die Luft raus«.

Darüber muss man natürlich keine endlosen Reden schwingen. Da reichen tatsächlich die 160 Zeichen einer SMS. »Ich bin mit unserer Beziehung nicht mehr glücklich. Ich brauche einfach häufiger Sex als du. Deshalb verlasse ich dich. Verzeih mir.«

Doch immer noch besser als der schlechteste unvermittelte Break-up ist der schleichende Tod. Der eine weiß, dass diese Beziehung, die er da lebt, eigentlich nicht ist, was er möchte. Der Partner spürt diese Gedanken und den permanenten Rückzug, hofft aber noch und fürchtet jede Sekunde das drohende Ende. Aber das kommt einfach nicht.

Denn Jungs glauben, ihr Partner bzw. ihre Partnerin werde die Situation schon erkennen und sein/ihr Leiden selbsttätig beenden, indem er/sie die Konsequenzen zieht. Ja, Jungs sind feige.

Natürlich retten sie sich in die Erklärung, sie wollten dem anderen nicht wehtun. In Wirklichkeit bewahren sie sich nur selbst vor dem Schmerz, den anderen leiden zu sehen. Mitfühlend sind sie schon. Und sensibel. Vor allem, wenn es um den eigenen Schmerz geht.

Jungs denken dabei in dieser einzigartigen männlichen Logik, deren Ziel es ist, gut und unbeschadet aus einer Affäre herauszukommen. Sie wollen in der Regel nach einer Beziehung mit ihrem Ex gute Freunde bleiben können. Doch wie?

Genau vor diesem Problem stand ich mit Thomas, meinem Wochenend-Lover aus Köln. Ich wusste, dass wir keinen weiteren, höheren Level unserer Beziehung erreichen konnten. Zwar war ich zufrieden mit dem Status quo, doch ich spürte, dass er Thomas nicht ausreichte. Dadurch setzte er mich unter Druck, was bei mir Fluchtinstinkte auslöste.

»Auf keinen Fall will ich, dass wir uns im Streit trennen und danach nicht mehr miteinander reden«, sagte ich zu Arnie. »Wir haben eine tolle gemeinsame Zeit miteinander verbracht. Diese schönen Erinnerungen möchte ich nicht durch ein kindisches Ende ruinieren.«

»Dann solltest du jemand anderen als mich um Rat fragen«, meinte Arnie. »Ich bin Spezialist für endgültige Trennungen. Ich habe genug Freunde, da muss ich nicht noch jede Ex den Rest meines Lebens mit mir herumschleppen. Wenn ich das wollte, hätte ich sie geheiratet und nicht in die Wüste geschickt.«

Eine der beiden Mädels uns gegenüber zog bei diesen Worten den Gesichtsausdruck, den gewöhnlich ein Kino-Bösewicht kurz vor einem Mord aufsetzt. Ich erwartete jeden Moment, dass sie sich empört ins Gespräch einschalten würde.

»Wir sind doch alle erwachsen und können wie reife Menschen miteinander umgehen«, sagte ich ein wenig leiser und beschwichtigend.

»So ein Quatsch!«, polterte Arnie los. »Was ist daran erwachsen, sich stundenlang Vorwürfe zu machen, Salz in die Wunden zu reiben und womöglich die Wahrheit zu sagen: dass ihr Stöhnen mich abturnte, die Haare an ihren Beinen piekten, mir ihr ziegenähnliches Lachen peinlich war? Das wäre wirklich verletzend, denn was kann sie dafür? Es passte einfach nicht. Stell dir vor, sie würde sich das zu Herzen nehmen und sich ändern: Der Nächste hätte vielleicht genau das an ihr gemocht.«

Das war nicht grundsätzlich falsch. Bewahrt ein schnelles, hartes Ende den Verlassenen nicht vor längeren Qualen? Schmerzen Erklärungen womöglich mehr als die Konfrontation? Letztlich steht in einem Zehn-Seiten-Brief nichts anderes als: »Die Schmetterlinge fliegen nicht mehr.« Warum das so ist, ändert nichts an der Konsequenz: Einer ist nicht (mehr) verliebt.

»Also schlägst du eine SMS vor?«, fragte ich.

»Nein. Ich schlage gar keinen Weg vor. Die haben alle ihre Vor- und Nachteile. Aber ich denke, du solltest jetzt agieren, egal wie. Da kommst du sowieso nicht sauber raus. Auch wenn du es vielleicht wünschst: Gute Freunde werdet ihr nicht bleiben. Vor allem nicht, wenn du das unvermeidliche Ende hinauszögerst. Sag es ihm jetzt. Du weißt, dass es so nicht weitergehen kann. Du bist ihm das schuldig. Das Wie ist dabei wirklich nebensächlich.«

Sogar unsere Tischgenossinnen schienen von dieser Erklärung überzeugt. Ihre Mienen hatten sich deutlich aufgehellt und ich meinte, ein mitleidiges Lächeln in den Mundwinkeln erkennen zu können, wenn sie zu mir sahen.

Ich schnappte mir mein Handy und suchte mir ein freies Abteil, in dem ich ungestört telefonieren konnte. Es war kurz nach 10 Uhr. Thomas würde jetzt im Büro sitzen und seine Post durchsehen. Ein perfekter Zeitpunkt für ein Gespräch – mit seinem Anrufbeantworter zu Hause.

Und so beendete ich also diese Affäre mit Platz drei auf der Hitliste der schlechtesten Break-ups.

Jungs teilen sich alles schön ein

»Jungs sind fast wie Macs: hübsch anzusehen, teuer – aber mit dem Multitasking ist es nicht weit her. Mehr als ein Programm gleichzeitig laufen lassen wollen oder können sie nicht.« Ich saß mit meinem guten Freund Ben im Café und sinnierte nicht wirklich über Computer-Hersteller, sondern über die Schwächen des starken Geschlechts.

»Macs sind ganz hervorragende Computer!«, schimpfte Ben. »Erheblich besser als jedes männliche Gehirn und deutlich leistungsfähiger. Und als ein oller PC sowieso!«

Dieser Streit mit Ben ging bereits seit vielen Jahren: Welcher Computer ist besser? Ein Apple Macintosh oder eine DOSe? Ben war als Grafiker natürlich ein Jünger der hübsch designten Macs aus dem Stall von Steve Jobs. Ich hingegen hatte vor einigen Jahren mit Apples arbeiten müssen, als die Biester einfach buggy waren. Die Ingenieure hatten gerade etwas Grundlegendes im Innern des Rechners geändert. Und die ganze Lieferung PowerPCs, die ich für meine Redaktion bestellt hatte, war eine Montagsfabrikation. Keiner dieser Rechner war in der Lage, mehr als ein Programm gleichzeitig auszuführen. Zumindest hatte ich als Laie diesen Eindruck, denn kaum öffnete ich den damals so beliebten Browser Netscape, während ich noch einen Texteditor gestartet hatte, stürzte der Mac ab, zeigte mir erst die Fehlermeldung »Error unbekannt«, dann einen traurig blickenden Monitor und schließlich ging gar nichts mehr: Totalausfall. Seit damals gehöre ich zur Bill-Gates-Fraktion.

Mein Standard-Spruch war damals: »Macs sind nicht

Multitasking-fähig.« Heute mag das anders sein, aber der Eindruck ist geblieben.

Und ganz ehrlich: Bei Jungs ist es genauso.

Ein amerikanisches Ehepaar, das viele Bücher darüber geschrieben hat, dass Männer manchmal fast zuhören und Frauen bei ausreichend Platz wirklich prima parken, behauptet, dass Jungs sich nur auf eine Sache konzentrieren können.

Das scheint zu stimmen, zugegeben. Aber ich glaube manchmal, Jungs könnten Multitasking sogar erstaunlich gut, wenn sie nur *wollten*. Die verschiedenen Programme, die einen Kerl am Leben und Denken halten, laufen nämlich alle friedlich im Hintergrund und fressen nur mäßig Prozessor-, also Gehirn-Kapazität. Von der theoretischen Leistung her wäre im männlichen Computer ein Multitasking möglich, das jeden Mac-Programmierer erschrecken würde.

Dennoch neigt der Mann fraglos zur Fokussierung. (Bei der Gelegenheit: Würde jemand anderes als ein Mann den Slogan »Fakten, Fakten, Fakten« prägen?)

Beispiele für die Konzentration von Männern auf das absolut Notwendigste sind rasch angeführt: Heterosexuelle Jungs sehen abends gerne Fußball und stabilisieren dabei gerade einmal die wichtigsten Stoffwechselvorgänge: Chips rein, Bier rein, dann und wann aufs Klo. Schwule Jungs leben für den Hormon-Ausgleich: Sie sitzen im Café, sprechen über ihr zerbrochenes Herz, dass sie eine Depression so tief wie ein schwarzes Loch durchleiden – und dass sie gestern drei Dates im Internet fürs Wochenende ausgemacht haben.

Doch das auffälligste Merkmal dieser männlichen Fokussierung ist das Einteilen von Menschen, Freunden und Bekannten in Benutzergruppen. Um beim Vergleich mit dem Computer zu bleiben: Es werden keine Kombi-Programme eingesetzt, damit kein Hersteller monopolartig über den Rechner verfügen kann. Eine Anwendung wie »Office« kann Briefe schreiben, E-Mails empfangen, Webseiten editieren, Präsentationen bauen und wahrscheinlich sogar Kaffee kochen, wenn man sie lassen würde. Jungs mögen es aber lieber sauber getrennt: Hier der Texteditor, dort das Zeichenprogramm und hier eine Kalkulationshilfe. Natürlich sollen diese Applikationen verknüpft sein und miteinander kommunizieren können: Jedoch bestimmt das der Anwender – nicht die Programme selbst.

Übertragen auf das Leben eines Mannes heißt das: Es gibt einen Freund für den Sport, es gibt Freunde für den Zug durch die Gemeinde, es gibt die Freundin für die Gespräche über Herzschmerz, es gibt die andere Freundin für die Ratschläge bezüglich Jobs, dann gibt es den Bekannten für die gemeinsamen Bastelarbeiten am Fahrrad, den Freund für die Popcorn-Filme, den für die anspruchsvollen Dramen, den für die ganz platten Komödien und die Freundin für die Schmachtstreifen. Außerdem den Ratgeber in gesundheitlichen Fragen, den für die Anlagetipps, den für die gebrannten Raubkopien …

Einige Jungs teilen auch nur in die Kategorien: Lover und Freunde. Hier Bett – dort Gespräche und Freizeit. Und den wahren Könner in Sachen Fokussierung erkennt man, wenn die Hierarchien noch tiefer heruntergebrochen werden. Beim Sex beispielsweise: Mein heterosexueller Laufpartner Chris hatte lange Zeit eine Affäre für die Kuschelnummer, eine für die wilden Spiele in Lack und Leder und eine für die spontane Nummer in der Mittagspause im Fahrstuhl oder am See.

Schwule Jungs sind da zum Teil noch extremer: Die teilen ihre Affären nicht nur nach den Praktiken, sondern darüber hinaus noch nach Fetischen auf! Jeans, Leder, Anzug, aktiv, passiv, flexibel, soft, hart, behaart oder rasiert. Für jede Stimmung die richtige Nummer.

Manche Jungs erlauben zwischen den Vertretern der einzelnen Kategorien keinerlei Überschneidungen. Die organisieren ihr Leben so, dass ihre Freunde voneinander überhaupt nichts mitbekommen. Sie sollen das auch gar nicht, denn das würde, wenn wir wieder zum Bild aus der

IT-Architektur wechseln, die Kompetenzen des Programms überschreiten. Administrationsrechte hat nur der Besitzer!

Ein solches Betriebssystem funktioniert für Männer hervorragend, da es alle Bedürfnisse in der größtmöglichen Vielfalt abdeckt – bis eines Tages über das trojanische Pferd »Sex« unverhofft ein Virus eingeschleppt wird. Dann wird es hakelig.

Plötzlich wird aus dem Freund fürs Joggen auch der gelegentliche Hormonausgleich, aus der Freundin bei Mobbingfragen eine Affäre. Und wenn eine Anwendung erst einmal begonnen hat, noch zusätzliche Aufgaben auszuführen, dann gibt es meist kein Halten mehr. Dann will die Affäre womöglich ins Kino oder am Samstagnachmittag mit zu Kaffee und Kuchen.

Was nun?

In der Regel gibt es jetzt zwei Schritte: Der Administrator wird das neue, störrische Programm seltener einsetzen und so in seine Schranken weisen. Da dies jedoch ohne Angabe von Gründen geschieht (eine Kommunikation auf diesem Level sieht der Administrator gar nicht vor), wird das Programm versuchen, seine Funktionen zu erhalten und auszuweiten, um zu beweisen, dass es viel besser funktioniert als die anderen, die nur isoliert arbeiten. Leider ist das Programm aber einzig dafür installiert worden, exakt diese eine Funktion auszuführen. Alle anderen Aufgaben wurden bereits verteilt. Da nutzt es auch nichts, wenn sich herausstellt, dass es womöglich wirklich die anderen überflüssig machen würde. Im Gegenteil: Das führt fast immer zu einem Neustart, in dessen Folge das Programm gelöscht und durch ein neues ersetzt wird.

Übertragen heißt das: Wenn Jungs einer Person in ihrem Umfeld eine Rolle zugeteilt haben, werden sie selten bereit sein, ihr eine neue zuzugestehen.

»Hast du denn schon einen Ersatz für Thomas gefunden?«, fragte Ben. »Irgendwer muss doch jetzt in deinem Freundeskreis die Rolle des Lover übernehmen. Oder willst du zur Abwechslung mal ohne eine feste Affäre auskommen?«

Ich grinste ihn böse an. »Selbstverständlich gibt es bereits Bewerber. Aber ich wähle noch aus. Im Moment brauche ich nur jemanden für regelmäßigen Sex, für alles andere ist ausreichend gesorgt. Ich will mir ja keine Beziehung ins Haus holen, die dann alles mit mir machen möchte. Stell dir vor: Dann könnten wir beide nicht mehr so oft Kaffee trinken gehen!«

Ben sah mich an. »Das wäre ja furchtbar«, sagte er. Täuschte ich mich, oder klang das ein wenig ironisch? Klar – schließlich wollen Männer sich ihre Freunde zwar säuberlich aufteilen. Aber selbst eingeteilt werden, das wollen sie dann doch nicht so gerne.

Jungs präsentieren sich nackt im Internet

Wieder einmal wartete ich vergeblich auf eine SMS von meiner neuen Liebe Marc, mit dem ersehnten Inhalt: »Komm doch noch vorbei und wir kuscheln ein wenig.«

Ich wusste, er war seit mindestens drei Stunden zu Hause und hatte genug Zeit gehabt, die Waschmaschine zu füllen, das Geschirr aus der Spülmaschine zu räumen und das Badezimmer zu schrubben. Ich entschloss mich dann aber doch, das bange Starren aufs Mobiltelefon für ein wenig Zerstreuung im Internet zu unterberechen

Sie denken jetzt an Pornografie? Nicht ganz. Mein Weg führte mich auf ein sehr populäres Dating-Angebot für Jungs. Da preisen sich Kerle an, die alles zwischen Mr. Right und Mr. Right Now suchen. Wie eine Kontaktanzeigenbörse, nur mit interaktiven Elementen und erheblich mehr Bildern.

Selbstverständlich war ich nicht auf der Suche nach einer Verabredung – schließlich reichten mir meine momentanen emotionalen Verwirrungen völlig aus. Ich wollte mich nur ein wenig ablenken und mal sehen, wer sich sonst noch so im Netz rumtrieb.

Da war wieder ganz oben in der Liste A_Aktiv_HH: Der wohnte hier wohl schon im Internet. Dank Flatrate auch immer online ist Dolp_30. Und Stud_HH hatte scheinbar neue Bilder ins Netz gestellt. Ein wenig freizügiger als die vorherigen: Jetzt verzichtet er auf die nassen, durchsichtigen Calvin Kleins und erlaubt dem Bewunderer den Blick auf die Kronjuwelen.

Und dann stolperte ich über ein mir sehr bekanntes Profil: Cati_HH. Das war mein motorradfahrender Lover Marc, der seinen Namen nach seiner Maschine gewählt hatte. Und der ganz offensichtlich ebenfalls ein wenig Zerstreuung suchte. Aber garantiert nicht, weil er sehnsüchtig auf ein Lebenszeichen von mir hoffte.

Bevor ich auf das kleine Icon neben seinem Namen klickte, das mir eine Art Telegrammvorlage geöffnet hätte, um ihn anzusprechen, rief ich doch noch einmal sein Profil auf. Was ich sah, gefiel mir, keine Frage. Ich kannte jedes Muttermal vom Bauchnabel bis zum Schwanzansatz. Mir gefiel jedoch nicht, dass laut Zählerangaben bereits 7504 andere Menschen denselben Anblick genossen hatten.

Und denken Sie nur nicht, das sei ein rein homosexuelles Phänomen! Weit gefehlt. Die Hetero-Jungs haben ihren Exhibitionismus ebenfalls längst entdeckt. Gestern beim Schwimmtraining des Triathlon-Vereins erzählte der kleine Frank stolz von den vielen Mädels, die er beim Online-Dating mit seinen scharfen Bildern aufgerissen hatte.

»Seit ich die neuen Fotos in mein Profil geladen habe, kommt mein E-Mail-Briefkasten nicht mehr zur Ruhe«, prahlte er einem unserer ungefährlichen Mauerblümchen vor, dessen Namen ich mir nicht merken kann.

»Du musst mir unbedingt die Anschrift dieses Fotografen geben!«, sagte Namenlos. »Bei mir meldet sich nie eine!«

»Versuch es mal. Ich hatte zuerst auch nur Aufnahmen mit Selbstauslöser eingestellt. Unscharf und völlig unprofessionell. Aber seit diesen Fotos fragen mich die Mädels, ob sie mich schon einmal auf einem Cover von *Men's Health* gesehen haben.« Er flüsterte: »Und dass sie meinen nackten Arsch anschauen können, finden sie absolut unwiderstehlich.«

Frank war mir nie aufgefallen, weil er überhaupt nicht in mein Beuteraster passt. Aber ganz objektiv war er schon ein niedlicher Kerl: Durchtrainierter, wohlproportionierter Körper mit langen, definierten Muskeln und einem recht knackigen Po – aber lange blondierte Popper-Welle im Gesicht, gerade mal 175 Zentimeter groß und blutjunge 23 Jahre alt. Durchaus vorstellbar, dass die Damen auf seine Kehrseite und seinen Waschbrettbauch abfahren.

Seit wann jedoch stellen sich Jungs so zur Schau? Warum präsentiert sich ein Mann nackt im Netz? Der Mann an sich muss ja nun gockeln. Das hat ihm die Natur so beigebracht. Wer das nicht glaubt, muss einfach mal wieder eine Nacht auf dem Bauernhof verbringen. Das fängt schon damit an, dass der Hahn zu nachtschlafender Zeit auf den höchsten Haufen rennt und mit unmelodischem Krähen, aber voller Brust und gespreizten Federn auf sich aufmerksam macht. Danach können Sie beobachten, wir quietschbunte Erpel schnatternd von der Wiese aufstehen und an ihren noch pennenden schlammbraunen Entendamen vorbeipromenieren. Und was ein Pfau macht, wenn er ein Mädel sieht und balzfreudig ist, wissen wir alle: Er posiert und gibt mit seinen Reizen kräftig an.

Völlig logisch also, dass sich dieses Verhalten auf die modernen Kommunikationswege übertragen hat. Da jedoch das Word Wide Web fälschlicherweise noch immer als anonyme Experimentierwiese verstanden wird, verliert das Imponiergehabe der Männchen hier leider drastisch an Stil und Geschmack. Im Internet lässt sich aus männlicher Sicht vor allem mit zwei Dingen Eindruck schinden: Attraktivität und Geld. Wer nur eines von beiden hat, betont das natürlich besonders. Blättern Sie mal durch eine Singlebörse: Die Jungs, die auffallen wollen, präsentieren sich entweder leicht bekleidet als griechische Statue oder neben ihrem Auto, Haus, Boot und Pferd. Intelligenz ist kein drittes Kriterium mehr, seit die erfahrenen Online-Nutzer längst mit der fehlerfreien Schreibweise der Wörter »Single, Poppen, Frühstück« zufrieden sind.

Übrigens sind die Jungs nicht immer selbstverliebte Gockel. Es gibt zum Beispiel die wundervolle Website: *www.wiesexybinich.de*. Wer keine Angst vor der Antwort hat, kann hier mutig sein Bild ins Netz stellen und die Frage an Tausende von Besuchern stellen. Und mit etwas Glück flattert dann eine nette Mail in den Briefkasten und ein Online-Flirt beginnt. Ein gesundes Selbstbewusstsein ist bei diesem Spaß allerdings dringend empfohlen: Die Kommentare sind teilweise vernichtend.

Den kompletten Verlust des Schamgefühls zeigen jedoch viele Menschen, die ihre Anzeigen in den Webseiten von Erotik-Postillen oder TV-Shows schalten. Da suchen Karla und Franz vor Yucca-Palme und Schrankwand Eiche-Imitat, posierend in Strapsen und Jock-String, nach Bi-Maus oder anderem tabulosen Pärchen für einen Besuch im nahe gelegenen Swinger-Club. Auch hier zeigt sich in der Regel das Männchen weitaus hemmungsloser als das Weibchen. Außer natürlich bei den Aufnahmen, auf denen er im Vollgummi-Dress mit Halsband und Kette von seiner Domina durchs Schlafzimmer mit Spiegelwand getrieben wird.

Aber was den Heteros ihr »Deutschland privat«, ist den Schwuppen so was wie »Bikermen«: Da zeigen sich die Jungs dann ganz kerlig auf schweren Motorrädern oder zumindest in der teuren Designer-Schutzkleidung aus schwarzem Leder. Oder wie in Marcs Fall frech grinsend mit nacktem Oberkörper auf der roten Ducati lehnend.

Wenigstens waren seine Aufnahmen noch absolut jugendfrei. Je spezieller und ausgefallener die Wünsche sind, desto offenherziger werden oft ja die Marketingmaßnahmen. Vor einigen Monaten stolperte ich über die Aufnahme eines jungen Mannes, der sich der möglicherweise interessierten Öffentlichkeit zeigte, wie er von einer strengen Herrin und deren vollbusiger Zofe mit allerlei Spielsachen malträtiert wurde. Ganz offensichtlich hatte er an dieser Behandlung sehr viel Spaß – die Fotoserie zeigte detailliert Vorspiel, ersten und zweiten Akt sowie das Finale. Natürlich waren auf den Bildern keine Gesichter zu sehen. So schlau war er dann doch gewesen.

Aber in seinem Profil prangte dann eine kristallklare

Porträtaufnahme: Der junge Mann war mein Sachbearbeiter bei der Bank. Und ich konnte mir einen Moment lang nicht mehr vorstellen, ihm beim nächsten Gespräch die Hand zu geben, ohne auf Schmutzränder unter den Fingernägeln zu achten. Der männliche Exhibitionismus und das Werben um weitere Sexualpartner sind offenbar stärker als der gängige Selbsterhaltungstrieb oder die Furcht vor den Konsequenzen, wenn zum Beispiel ein moralinsaurer Kunde oder sein Vorgesetzter auf dieser Seite vorbeisurft.

Während ich mir die Bilder meines persönlichen Objektes der Begierde bereits zum dritten Mal ansah, erklang es plötzlich »Pling« aus meinem Rechner und in einem kleinen grauen Fenster erschien eine Nachricht auf dem Monitor.

»Gefallen dir meine Bilder?«, fragte Marc. »Ich brauche dringend mal wieder neue, ich weiß. Willst du nicht morgen welche von mir machen? Dicken Kuss und träum was Schönes!«

Eigentlich wollte ich antworten: »Die Fotos sind aufreizend genug und ich möchte eigentlich, dass außer mir niemand den dunklen Punkt zwischen Bauchnabel und Waschbrett kennt.« Stattdessen schrieb ich: »Darauf freue ich mich schon. Werde am Abend mit Kamera und Massageöl vor der Tür stehen. Schlaf gut. Big Hug!«

Danach sah ich mir sehr entspannt noch die Profile von Kawabiker_HH, DaineseXL und Sportbiker_HH an.

Jungs kriegen die Zähne nicht auseinander

Barbaras Augen verdrehten sich unter der Langhantel und ich griff schnell zu, bevor es zur Katastrophe kommen konnte.

»70 Kilo sind ziemlich viel!«, sagte ich anerkennend, während ich die Stange in die Halterung legte. »Schlechte Laune oder Maximalkraft-Training?«

»Beides.« Sie breitete die Arme aus und dehnte die strapazierte Brustmuskulatur.

»Job oder Kerl?«, fragte ich.

»Kerl. Klassisches männliches Kommunikationsproblem: Er bekommt die Klappe nicht auf. Ich frage: ›Hast du was?‹, und er antwortet: ›Nee, nichts!‹. Dabei sitzt ihm die Wut schon längst im Hals. Aber auf keinen Fall drüber reden, lieber schön mit sich selbst ausmachen.«

Ich legte mich auf die Bank neben ihr und quälte meinen Pectoralis Major mit einigen Hanteln.

Barbara kenne ich seit etwa fünf Jahren. Genau einen Tag, nachdem das Fitness-Studio aufgemacht hatte, waren wir beide hier eingetreten. Anfangs trafen wir uns immer abends beim Training. Ich muss zugeben: Aufgefallen war mir vor allem ihr Begleiter. Das war ein echtes Muskel-Tier, imposant und dabei noch attraktiv. Es war natürlich klar, dass er mit der zierlichen, aber kräftigen Blondine zusammen war. Wir kamen dennoch ins Gespräch. Er spielte American Football und sein Leben drehte sich hauptsächlich um Sport. Sie hatte während der Zeit der Neuen Deutschen Welle in einer Band gespielt, danach in Musikverlagen gearbeitet und lebte als Redakteurin von Projekten für TV und Rundfunk.

Mittlerweile gibt es diese Aufträge nicht mehr, und wie viele andere aus der Branche kämpft sie nun ums nackte Überleben.

Jetzt treffen wir uns vormittags beim Morgen-Training. Und erzählen uns, welche Ideen wir haben, um die deutsche Wirtschaft anzukurbeln. Dabei stemmen wir ein paar Hanteln und fragen uns wie die vielen Stammtischler überall, warum niemand in Berlin unsere Vorschläge hören will. Der Football-Spieler ist nicht mehr dabei. Der kann nur abends Sport machen, aber dafür hat er ja auch noch einen Job.

»Warum fällt es Männern eigentlich so schwer, über die wirklich wichtigen Dinge zu sprechen?«, fragte Barbara. »Zu jedem Thema könnt ihr stundenlange Vorträge halten. Aber wenn es zum Beispiel um Gefühle geht: Funkstille! Da wird dann tapfer geschwiegen. Soll die Alte doch selbst darauf kommen, warum ich jetzt meine Ruhe brauche. Merkt sie doch, dass ich jetzt nicht reden will. Darüber muss man doch nicht diskutieren!«

Sie hat ja Recht. Männer könnten jedem Gespräch etwas mehr oder weniger Schlaues hinzufügen. Glauben Sie nicht? Dann lassen Sie uns hierzu in ein männliches Gehirn horchen: »Politik? Das ist unsere Hausarena. Nicht nur am Stammtisch. Sport? Klarer Heimvorteil. Geld? Wer sonst, wenn nicht wir könnte da kompetent sein? Sex? Naja, wir haben da immer ein paar Anekdoten auf Lager. Bedürfnisse? Hoho. Bier und Poppen, ist doch klar. Oder wie war das jetzt gemeint?«

Doch das ist nur Smalltalk und Stammtischgewäsch. Stumm wie Fische werden Jungs, wenn es um die wichtigen Dinge geht.

Kennen Sie den Albtraum eines jeden Mannes? Es ist einfach nett zu Hause: Sofa, Bier und Glotze. Und dann kommt der Satz: »Wir müssen mal reden.« Ich gebe Ihnen einen weiteren kurzen Blick in den Kopf des Opfers, wenn so eine Ankündigung erklingt: »Schon das Subjekt ist falsch. Nicht *wir* müssen reden. *Du!* Ich will ja nur hier sitzen und Star Trek sehen. Und *müssen* wir reden? Heißt es nicht *sollten?* Wir können das ja mal ausprobieren, wenn es gar nicht anders geht. Aber vorher werde ich den Videorecorder programmieren. Danach kannst du mir mit deinem Reden den schönen Abend versauen. Aber bitte lass nicht unsere Beziehung das Thema sein.«

Sie denken, das sei ein Klischee? Allerdings. Aber es stimmt. Jungs wollen nicht über Gefühle reden.

Das fängt bereits an, wenn uns jemand sagt: »Ich mag es, wie du schnurrst, wenn ich dir den Kopf kraule.« Steigert sich in: »Ich habe Angst, dich nicht mehr um mich zu wissen.« Und dabei geht es noch nicht einmal um die wirklich panikeinflößenden Formulierungen: »Ich mag dich« oder gar »Ich liebe dich«.

Nicht falsch verstehen: Wir mögen es ganz gerne, wenn jemand uns seine Gefühle offenbart. Da können wir auch drüber reden. Aber anders herum? Lieber nicht, da fühlen wir uns unwohl. Dann werden wir knatschig und unleidlich, bei permanenten Attacken auf unseren Frieden auch ärgerlich und aufbrausend.

Machen Sie doch einmal mit Ihrem Kerl einen Test (am besten zum Frühstück):

»Du hast gestern im Schlaf gesprochen.«

Erste müde Verdachtsmomente: »Ach ja?«

Sie legen nach: »Das war sehr romantisch.«

Leichter Anflug von Panik: »Was habe ich denn gesagt?«

Augenrollen und verträumtes Lächeln: »Du hast zum ersten Mal gesagt: ›Ich liebe dich‹.«

Schweißtropfen auf der Stirn: »Ach ja?«

Fester, ernster Blick: »Das meinst du doch auch so, oder?«

Griff zur Tasse und zum Handy: »Natürlich. Ich muss jetzt los, Schatz.«

Hundeaugen: »Dann sag es mir noch einmal. Dann darfst du gehen.«

Hektische Betriebsamkeit: »Was soll ich sagen?«

Griff an den Arm: »Ich liebe dich!«

Wegziehen und Flucht in den Flur: »Ich dich auch!«

Türenknallen.

Kommt Ihnen das bekannt vor? Und hassen Sie nicht diesen Satz: »Ich dich auch!«?

Aber mehr kriegen Sie in der Regel aus Jungs nicht heraus – es sei denn, die Situation wäre durch Alkohol oder andere Substanzen verändert.

Männer durften sich als Baby von Muttern betütteln und behüten lassen. Sie wurden geliebt um ihrer selbst willen. (Das haben zwar auch die Mädchen genossen – aber die waren doof genug, sich am Rollenmodell »Mutti kümmert sich« zu orientieren und nicht am bequemen Bruder oder Vater.) Mama gab die Brust, wechselte die Windeln und erwartete nicht einmal etwas dafür. Auch nicht Liebe. Und dennoch war sie aufopfernd und immer für den Kleinen da.

Genau das wollen wir wieder! Wissen, dass da jemand ist, der sich um uns kümmert, der uns beschützt, der unsere Bedürfnisse klaglos befriedigt und uns so liebt, wie wir eben sind. Ohne Verpflichtung und ohne Gefühlskram.

Die meisten Kerle haben in ihrem Leben genug Erfahrungen gesammelt, um dieser Illusion nicht mehr hinterherzujagen. Sie haben sich damit arrangiert. Deshalb lohnt es auch nicht, darüber zu sprechen.

Noch ein Blick in den männlichen Denkapparat: »Jeder mit einem Funken Menschenverstand kann die Zeichen deuten, oder? Blumen unter der Woche: Große Liebe. Dessous am Geburtstag: Es wird Zeit für mehr Abwechslung im Bett. Schokolade zu Weihnachten: Du bist schon so fett, dass es darauf nicht mehr ankommt. Keine Unterwäsche unter der Jeans im Restaurant: Ich will, dass du mir auf dem Klo oder unter dem Tisch einen bläst.«

Zurück zu Barbara. Mit zusammengekniffenen Lippen legte sie die Hanteln ab.

»Vor ein paar Tagen hatten wir mal wieder Sex. Es war ein Reinfall. Er war mit den Gedanken ich weiß nicht wo und es passierte nichts. Ich gab mir Mühe, aber nichts rührte sich. Dann fragte ich vorsichtig: ›Gibt es etwas, das dich bedrückt?‹ Er maulte: ›Ich bin einfach nicht immer in Stimmung!‹ und verschwand mit einem Bier aufs Sofa. Bis heute weiß ich nicht, was los war. Wir haben es bisher nicht wieder probiert.«

Und nun stellen Sie sich mal vor, was passiert, wenn zwei solche Kommunikations-Genies aufeinander prallen: Da reden die beiden Jungs dann nicht miteinander, bis der innere Druck so hoch gestiegen ist, dass einer platzt. Das ist mir gerade mit meinem Lieblings-Motorradfahrer passiert.

Ich hatte Marc mehrere Tage nicht gesehen und war verwundert und verstört, weil ich offenbar so viel unwichtiger war als tausend andere Freunde und die Aufräumarbeiten zu Hause. Eigentlich war ich mir sicher, dass er meine Unsicherheit bemerkt hätte, jedoch erhielt ich keine Erklärung für sein für mich unverständliches Verhalten. Also fragte ich nach: »Warum willst du mich eigentlich nicht sehen? Was machst du denn den ganzen Tag? Du triffst dich doch sicher mit anderen!«

Falsche Frage und dann noch taktisch unklug mit einer Verdächtigung garniert. Die Antwort war drastisch: »Du hast nicht im Geringsten eine Vorstellung, was ich denke und wie ich handle. Aber deine Vermutungen sind sehr aufschlussreich für mich.«

Damit hatte ich gleich zweimal verloren. Ich hatte seine Ehrlichkeit angezweifelt und deutlich gemacht, dass ich ihm nicht vertraue. Und mein Bild von ihm war offenbar von seinem eigenen meilenweit entfernt.

Sie sehen also: Jungs legen allergrößten Wert darauf, verstanden zu werden. Missverstanden zu werden, wird gar nicht gut aufgenommen, vor allem wenn Sie den Fehler begehen, Ihre Vermutungen zu äußern. Wie Sie allerdings in der Lage sein sollen, sein Denken und Handeln zu verstehen, obwohl Sie nicht darüber informiert werden, bleibt ein unbeantwortetes Rätsel.

Wenn Jungs mit ihren neuen technischen Spielereien wie PDA oder Mobiltelefon angeben, loben sie gerne die intuitive Benutzerführung. Damit meinen sie, dass sie nicht einmal ins Handbuch sehen mussten, um alle Funktionen zu verstehen. Sie mussten niemanden fragen und die Hilfe-Applikation nicht ein einziges Mal aufrufen. Alles erklärte sich von alleine. Fragen waren überflüssig. Geräte, die diese Anforderung nicht erfüllen können, sind schlecht.

Was also wird bei jemandem mit einem solchen Weltbild ankommen, wenn Sie ihn fragen, wie er funktioniert? Natürlich wird er denken, dass er fehlerhaft ist, denn sonst wären seine Reaktionen ja, wie bei seinem Telefon, ganz offensichtlich und verständlich. Und er wird sich und seinen Bauplan umso gereizter verteidigen.

»Angefleht habe ich ihn: ›Sprich mit mir. Wie soll ich dich denn verstehen können, wenn du nicht mit mir redest?‹«, sagte Barbara. »Und weißt du, was seine Antwort war: ›Man muss nicht ständig über alles sprechen. Du zerredest ja doch alles.‹«

Ich seufzte verständnisvoll und packte uns noch zwei Fünf-Kilo-Scheiben auf die Langhantel.

Jungs überfordern sich in Wettkämpfen

14 400 Menschen waren an diesem Sonntagmorgen im August in Hamburg zusammengekommen, um eine kleine, beschauliche Radtour zu unternehmen. Der Trip nennt sich HEW Cyclassics und ist eine der größten Radsport-Veranstaltungen des Landes. Die Profis werden ihre Waden erstaunliche 250 Kilometer quälen. Hobbysportler wie ich benügen sich mit der 120- oder der 170-km-Strecke. Und dann gibt es noch die Schnupper-Runde, das sind 50 km – wir nennen sie die Warmduscher-Cyclassics: nur für Feiglinge, die sich nicht trauen, an ihre Grenzen zu gehen.

Marathonerfahren und übermütig hatte ich mich, meiner großen Klappe entsprechend, für die mittlere Distanz angemeldet. Also mal flott per Drahtesel von Hamburg an die Nordsee. Ich hatte zwar noch nie in meinem Leben mehr als 60 Kilometer oder länger als drei Stunden auf einem Fahrrad gesessen, aber was ein echter Mann ist, der schafft so was schon. Bedenken hatte ich allenfalls wegen meiner Bandscheiben, die sich normalerweise schon nach 40 Kilometern schmerzhaft zu Wort melden.

So weit ich schauen konnte, standen andere echte Männer neben chromglänzenden Rennrädern und warteten auf das Startsignal. Die meisten sahen aus wie der Chor von »Ein Käfig voller Narren«. Die Sportkleidungs-Designer sollten dringend mal ihre Drogen absetzen. Quietschbunte Trikots in schrillen Farben, die einfach noch nie zusammengepasst hatten, waren die augapfelquälende Regel. Die Betriebssportgruppen, die sich durch dynamischen

Partnerlook auszeichneten, fielen da schon beinahe wohltuend auf. Ebenso die fantasielosen Träger der offiziellen HEW-Cyclassics-Trikots in Blau und Gelb.

Die flotten Radhelme waren kaum weniger schrill. Sie waren vorgeschrieben, und keiner kam drum herum. Meiner war in Bordeauxrot-Metallic mit kleinen gelben und roten Speed-Flammen an der Seite. Ich sah damit und mit der schwarzen Hose-T-Shirt-Kombi aus wie Calimero nach einem Relaunch durch Dolce und Gabbana.

Überhaupt war der Blick auf die Hosen ein großer Spaß. Sie wissen ja: Fahrradhosen haben diesen kleinen Ledereinsatz am Hintern, damit der Arsch nicht allzu wund wird auf dem Sattel. Dieses gute Stück kann aber nur helfen, wenn man darin nicht eine weitere Unterhose trägt, denn die würde ja wieder reiben. Nun liegen diese Lycra-Hosen in der Regel sehr eng an. Also sieht man von hinten aus wie ein windeltragender Pavian und von vorne lässt sich auf einen Blick feststellen, ob der Herr ein beschnittener oder unbeschnittener S-, M- oder L-Träger ist und ob ihn der Anblick der anderen Pimmel erregt.

Und bei der Gelegenheit stellte der aufmerksame Beobachter fest: Es fehlten die Frauen. Im Umkreis von 100 Teilnehmern konnte ich nur zwei Mädels ausmachen. Laut offiziellen Angaben der Veranstalter hatten sich gerade mal 1504 Radlerinnen (= knapp 11 Prozent) entschließen können, diesem Spektakel beizuwohnen. Die Damen müssen sich hier vorkommen wie Schwule beim katholischen Kirchentag: in der deutlichen Minderheit.

Da müssen sich die Jungs doch die Frage gefallen lassen: Warum macht ihr das eigentlich? Ich sah in die gespannten Augen der umstehenden Mitradler und stellte fest, dass viele so kurz vor dem Start eine Art Jagdfieber im Auge hatten. Sie musterten sich gegenseitig recht argwöhnisch, vom Fahrrad bis zu den rasierten Beinen. Die vorher recht freundschaftliche Atmosphäre wich einer gespannten Konkurrenzsituation. Sogar in der zuvor so harmonischen Betriebssportgruppe von »Wiesenhof-Hähnchen« direkt vor mir wurde noch einmal mit Nachdruck auf die Ernsthaftigkeit des Wettkampfes aufmerksam gemacht:

»Ich fahre die ersten fünfzehn Minuten vor und mache den Weg frei«, sagte ein 2-Meter-Klotz mit Oberschenkeln wie Baumstämme, ganz klar das Alpha-Hähnchen vom Grill. »Lasst euch auf keinen Fall abhängen. Die Maredo-Truppe ist im Block vor uns aufgestellt. Bevor die auch nur wissen, wie ihnen geschieht, will ich an denen vorbei sein. Danach lasse ich mich nach hinten fallen und sorge dafür, dass sie nicht an uns vorbeikommen. Und nehmt die Ellbogen schön weit raus! Ich möchte nicht, dass sich einer mit dem Lenker seines Nachbarn verhakt!«

Das zustimmende Grummeln ging im Countdown unter, der vom Anfang der Mönckebergstraße zu uns herunterwaberte. Die Menge steigerte sich mit jeder Zahl mehr in Rage. Das fröhliche Skandieren der Zehn war bereits bei der Drei zum Kampfgeschrei angeschwollen. Bei Zwei hörte ich das Klicken von etwa 30 000 Radschuhen, die in die Pedale einrasteten, und bei Eins setzten sich die Jäger auf ihren Drahteseln in Bewegung.

Ich hatte mich auf einige Kilometer Plackerei eingestellt. Mein Training im Vorfeld hatte sich in Grenzen gehalten. Denn eigentlich war dieses Rennen ja eher als Probelauf für den Triathlon im September gedacht. Das Fahrrad war geliehen, auf dem Sattel hatte ich noch nicht länger als eine Stunde gesessen und die Schuhe trug ich zum ersten Mal. Um all diese denkbar schlechten Voraussetzungen dennoch mit Anstand zu ertragen, hatte ich den MP3-Player mit den aktuellen Top-Ten-Hits gefüttert und überquerte die Start-Matte zu den Klängen meines derzeitigen Lieblings-Songs »Stuck«. Da geht es um ein Mädel, das ihre Liebe nicht in den Griff bekommt und sich selbst darüber ärgert, dass sie den ganzen Tag wartend vor dem Telefon sitzt. Das passte zu meiner Grundstimmung, meinen eigenen Erfahrungen der vergangenen Tage – und motivierte mich, kräftig in die Pedale zu treten.

Marc erwartete mich hoffentlich am Ziel um genau 13.00 Uhr, wenn er rechtzeitig seinen Job im Hotel der Eltern beenden könnte. Das bedeutete, ich hatte knappe vier Stunden, wenn ich einen guten Eindruck machen wollte. Vielleicht würde ich ihm ja mit einem kleinen sportlichen Erfolg ein wenig imponieren. Und mich dadurch einen Millimeter näher an sein Herz robben.

Vor mir gurkte ein fetter Kloß mit einem orangefarbenen Stadtreinigungs-Shirt auf einem Mountain-Rad herum. Wir hatten noch keinen Kilometer hinter uns gebracht, da eierte er schon mitten im Konvoi mit seiner Wasserflasche herum. An ein Überholmanöver war in der Enge nicht zu denken. Maximal zwanzig Zentimeter trennten mich rechts und links von meinen Mitstreitern.

Wenn ich nicht gewusst hätte, dass die Fahrt in seine Gangschaltung auch mein Rennen beendet hätte, wäre ich ihm einfach reingefahren. Aber so konzentrierte ich mich auf den Refrain von »Stuck« und sang lauthals mit. Das schien die Orange vor mir in die Flucht zu schlagen, denn er steckte endlich seine Flasche in die Rückentasche seines T-Shirts und gab kräftig Gas. Dabei schwenkte er gefährlich nach links aus, entging dort einer Karambolage mit einem empört schreienden Wiesenhof-Hähnchen, um dann plötzlich nach rechts zu fahren – direkt hinein in den entsetzten Träger eines Regenbogen-Trikots. Wahrscheinlich weil ich ihm nichts anderes gewünscht hatte und diese Szene als Wunschfilm bereits mehrfach in meinem Kopf abgelaufen war, konnte ich ohne einen weiten Spurwechsel das Drahtgewusel umfahren. Ich hörte trotz Kopfhörer die lauten Flüche der nachfolgenden Radler, die in die Orange und den Regenbogen knallten. Für wenigstens zehn Fahrer bedeutete dieser Crash das Aus kurz nach dem Start. Glauben Sie nicht, ich hätte Mitleid verspürt. Der einzige Gedanke war: »Zehn weniger, die mich überholen können. Und hoffentlich halten sie die anderen noch richtig auf!«

Dabei bin ich eigentlich wirklich ein friedfertiger Zeitgenosse, der seinen Mitmenschen die gleichen Chancen zugesteht. Aber heute hier und jetzt war ich für diesen kleinen miesen Vorsprung dankbar. Der Instinkt siegte über den Intellekt: schneller, höher, weiter als die anderen Männchen im Rudel.

Doch: 14 500 Teilnehmer minus 11 Prozent Weibchen bilden ein sehr großes Rudel von ehrgeizigen Y-Chromosom-Trägern. Nach nur wenigen Sekunden hatten die anderen Beta-Männchen aufgeholt und jagten unbarmherzig hinter mir her. Waren schon die Hähnchen wie Schlachter gefahren, so lernte ich kurz darauf die Unbarmherzigkeit der Postbank-Angestellten kennen. Auch wenn sie nicht hinter einem Schalter sitzen, sind das echte rücksichtslose, selbstgefällige Säcke, denen man einfach nur wünschen möchte, hundert Jahre Fegefeuer in einer Schlange eines McPaper zu erleben. Sie tobten an mir vorbei und putzten mich dabei fast von meinem Rad. Natürlich wollte ich mir das nicht bieten lassen und trat kräftig in die Pedale.

Doch alle Aggression nutzte nichts gegen einen untrainierten Körper. Mein Pulsmesser schoss auf 180 Schläge pro Minute, was etwa 30 zu viel waren, um das Herzkreislauf-System vier Stunden lang mit einer solchen gleich bleibenden Belastung zu beanspruchen. Also nahm ich den Schwung wieder raus und erlebte fortan das Gefühl, von jedem überholt zu werden. Da waren echte Anwärter auf den Tagessieg: groß, lange kräftige Beine, durchtrainierter Körper, windschnittige Haltung, starrer Blick auf das 120 Kilometer entfernte Ziel. Die waren nicht so deprimierend. Wirklich niederschmetternd waren die vielen Geschwister der Orange, die ich höchstens mit einem Trostpreis gesehen hätte. Mit hochroten Gesichtern schossen sie an mir vorbei und ärgerten sich vermutlich, dass ich lahme Schnecke sie jetzt zu einem Kräfte fressenden Ausweichmanöver zwang.

Zunächst hielt mich der Gedanke aufrecht, dass ich sie alle wiedersehen würde. Wenn ich noch frisch und erholt wäre und freudig strahlend an ihnen vorbeifahren könnte, während sie ohne Kraftreserven an der Harburger Steige wie Fliegen vom Rad fielen.

Jedoch musste ich in den folgenden Stunden feststellen, dass ihr schneller Start ihnen einen kaum aufzuholenden Vorsprung verschaffte. Ich fand sie alle nicht mehr wieder. »Stuck« lief bereits zum fünften Mal und es war beim Anstieg zur Köhlbrandbrücke, diesem blauen Hamburger Wahrzeichen, das den Freihafen mit der Hansestadt verbindet, als ich eines der Wiesenhof-Hähnchen wieder sah. Seine Gruppe hatte ihn offensichtlich zurückgelassen, weil er zu schwach war. Ein Blick auf seine Knie verriet mir, dass er gestürzt war. Und wie in der Natur hatte er sich damit vom Anwärter auf die Alpharolle ans Ende der Nahrungskette, noch hinter das Omega-Tier gesetzt. Ich lächelte ihm aufmunternd zu, als ich munter den Refrain mitsang und mich auf das lange Hinunterrollen auf der anderen Seite der Brücke und die Aussicht auf die Stadt freute. Doch der geschlagene Rivale schenkte seinem Besieger keine Befriedigung durch eine freundschaftliche Geste. Dennoch fuhr ich mit dem wohltuenden Gefühl, zumindest ein Opfer auf diesem Schlachtfeld zurückgelassen zu haben, die letzten fünf Kilometer mit einem echten Hochgefühl. Angefeuert durch die Menschenmenge am Straßenrand strampelte ich ins Ziel. In meinem Blut waren Massen an Endorphinen, so wie bei meinen Vorfahren nach einer erfolgreichen Schlacht.

Meine These ist: Jungs leben nach dem Motto »Life is competition«. Eine innere Stimme sagt ihnen: »Du musst dich mit den anderen Rudel-Tieren messen. Auch wenn du weißt, dass du nicht gewinnen wirst: Beweise dir, dass es welche gibt, die schlechter sind als du!«

Die Belohnung folgt ja in der Regel umgehend. Bei einem Marathon habe ich einmal eine Zuschauerin das Schild hochheben sehen: »Peter, lauf! Wer ficken will, muss ankommen!« Ein Ansporn, der direkt an das männliche Ego appelliert, und zwar an das zwischen den Beinen. Diese Dame hatte jedenfalls die Mechanismen hervorragend verstanden. Ihr Peter ist garantiert ins Ziel gekommen und selbst wenn er völlig erschöpft war, werden die ausgeschütteten Endorphine in seinem Körper für eine Nacht gesorgt haben, die beide nicht so schnell vergessen haben. Was die Theorie belegt, dass sich Jungs anstrengen, um Anerkennung für ihren Sex-Appeal zu erhalten.

Für mich stimmte das genauso wie für Peter und all die anderen Jungs, die mit tiefer Befriedigung hinter dem Ziel in die Arme ihrer Partner fielen. Ich rutschte beinahe vom Rad, als ich in die stahlblauen Augen meines Motorradfahrers blickte und kurz so etwas wie Stolz aufblitzen sah. Dafür wäre ich vermutlich noch einmal die Runde gefahren – wenn auch erst nach einer kurzen Pause.

Einen Tipp aber habe ich für die Jungs: Radrennen sind nicht unbedingt zu empfehlen. Vielleicht lag es am Sattel, aber nach 120 Kilometer war durch den Druck auf das Schambein das Gefühl in meinem Werkzeug abhanden gekommen. Ich spürte eigentlich nichts mehr. Dabei wollte mich Marc sogar noch belohnen, aber letztlich kam dabei nur er auf seine Kosten. Nächstes Mal werde ich deshalb das Rad stehen lassen und wieder laufen!

Jungs wollen den ganzen Spaß ohne Verpflichtung

»Am liebsten würdest du weitermachen wie bisher?«, fragte ich.

Marc strahlte mich von der anderen Seite meines Sofas an. »Ja«, meinte er und griff meine Hand.

Ich war einen Moment sprachlos. Und das kommt nicht allzu häufig vor. Da saß ich also nun mit diesem Bild von einem Mann, der es geschafft hatte, in nur vier Wochen mein Gefühlsleben komplett durcheinander zu wirbeln, und hielt Händchen – zwei Minuten, nachdem er mir gesagt hatte, dass eine Beziehung für ihn keinesfalls in Frage käme.

»Wie stellst du dir das dann vor?«, wollte ich wissen. »Wir unternehmen gemeinsame Motorrad-Touren, machen zusammen Sport, gehen Essen, haben Sex – aber eben nur, wenn beiden danach ist? Und das Ganze ohne Verpflichtung?«

»Ja.«

»Wie soll das bitte funktionieren?«

Er beugte sich zu mir und küsste mich. »So wie bisher. Nichts muss sich ändern.«

»Aber führen wir nicht eigentlich schon eine Beziehung? Oder sagen wir, sind wir nicht auf dem besten Wege dazu?«

»Sicher nicht.« Er richtete sich wieder auf. »Zumindest nicht von mir aus.«

»Und wie würdest du das dann nennen: Wir haben von der vergangenen Woche drei Nächte miteinander verbracht, waren zwei Mal gemeinsam laufen, knutschten nackt am See, kuschelten beim Picknick an der Alster und sind mit den Maschinen zum Meer gefahren. Und nicht zu vergessen: etwa 50 teils sehr liebevolle und romantische SMS am Tag. Was genau ist das?«

»Eine schöne Zeit, die ich nicht missen möchte. Wenn wir das mit den Kurznachrichten auch ziemlich übertrieben haben.«

»Aber was ist der Unterschied zu einer Beziehung?«

»Wir gehen keine Verpflichtungen ein. Du planst deinen Tag, wie du möchtest, ich gestalte meinen, wie es mir gefällt, und wenn wir Lust haben, uns zu sehen, dann treffen wir uns. Spontan.«

»Ich sehe immer noch nicht den Unterschied.«

Marc strich über seinen schwarz-grauen Goatie. »Ich muss dir zum Beispiel nicht sagen, wie und mit wem ich meinen Tag verbringe. Es gibt keine Regel, dass wir uns jedes Wochenende sehen oder drei Nächte lang poppen.«

»Die gibt es auch nicht in einer Beziehung.«

»Und ich bin dir keine Rechenschaft schuldig, wann wir uns das nächste Mal sehen und wann ich dich das nächste Mal anrufe.«

»Du bist die Krönung männlicher Egozentrik«, stöhnte ich und ließ meinen Kopf auf seine Brust fallen. »Du willst den ganzen Spaß, aber ohne lästige Konsequenzen.«

Wissen Sie, ich könnte jetzt lange ausholen und fragen, warum die Bekloppten immer in meinem Bett Platz nehmen oder ob es irgendetwas an mir gibt, weswegen ich sie magisch anziehe. Doch eigentlich geht es hier um ein typisch männliches Phänomen. Das allerdings in solcher Reinform selten auftritt. Nur kein Commitment abgeben, das ist die Lebensphilosophie dieses jungen Mannes. Und dabei fühlt er sich sogar pudelwohl. Warum auch nicht? Er bekommt alles, was er braucht: Streicheleinheiten beim Kuscheln im Park, fantasievollen Sex (ganz besonders hervorragenden Sex, wenn ich das noch mal betonen darf. Naja, lassen Sie mir die Illusion, im Moment ist das tatsächlich eher ein verkrampftes Turnen ...), Freizeitbegleitung eines schwulen Motorradfahrers mit eigenem Fahrzeug und professionelle Trainings-Anleitung beim Sport. Dabei muss er nur das geben, wonach ihm in diesem Moment ist. Und das wird offenbar täglich weniger.

Ich erinnerte mich an meine Freundin Sabine und ihren letzten Ex – bevor sie sich übrigens entschied, es den Männern mit gleicher Münze heimzuzahlen und sich parallel drei Liebhaber zu halten. Die selbstverständlich nichts voneinander wussten.

Sven jedenfalls kam frisch aus einer Beziehung, als er Sabine kennen lernte. Sie fuhr ihn mit ihrem kleinen MG vom Fahrrad, als sie in den Parkplatz von Bodos Bootssteg an der Alster abbog. Sabine hat die Angewohnheit, ihren Autos Namen zu geben, und sie verwirrte Sven völlig, als sie dreimal aufgeschreckt um den Wagen lief und rief: »Fred, ist dir etwas passiert?«, während er mit dem Mountain-Bike neben dem Radweg lag. Die beiden amüsierten sich jeweils über ihre entsetzten Gesichter und gingen auf den Schreck gemeinsam etwas trinken. Und dann am Tag drauf Essen. Dann den Tag darauf ins Kino und danach ins Bett. Fürs Wochenende vereinbarten sie einen Kurztrip mit Fred nach Berlin, um dort ein wenig Kultur im Spiegelzelt zu genießen.

Die klassischen Dating-Regeln wurden alle eingehalten, das Tempo war perfekt gewählt: nicht zu schnell, nicht zu langsam, sogar die einzelnen Stationen steigerten sich – und dann enthüllte Sven kurz nach dem siebten wundervollen Treffen, dass er in der nächsten Woche mit einer Freundin für ein verlängertes Wochenende nach Barcelona fahren würde. Sabine ist blond, aber nicht blöd. Sie verstand umgehend die zugegeben wenig versteckte Information hinter der Aussage: Da war noch jemand im Rennen. Sie war jedoch verblüfft, wie offen Sven damit umging. Als wäre es das Normalste der Welt, mehrere Frauen gleichzeitig sehr intensiv zu daten und daraus kein Geheimnis zu machen.

»Ich lasse mich nicht in eine Beziehungs-Kiste stecken«, erklärte er. »Wir können eine wundervolle Zeit miteinander haben: intensiv und mit viel Spaß. Aber es wird nicht mehr daraus werden. Und ich werde mich für nichts rechtfertigen.«

Nun gibt es drei Sorten von Menschen: Die eine reagiert auf eine solche Aussage mit völliger Ablehnung, Selbstschutzmaßnahmen und Abbruch jeglichen Kontaktes. Die andere versteht die Welt nicht mehr, hofft auf einen Gesinnungswechsel und leidet erbarmungswürdig unter der für sie unbefriedigenden Perspektive und der schmerzhaft unerwiderten Zuneigung. Und die dritte schaut sich das fasziniert eine Zeit lang an, nimmt den ganzen Spaß mit und sucht währenddessen schon einmal nach dem Ersatz, der dann vielleicht mit mehr Emotion an die Sache herangeht. Oder man könnte es auch so formulieren: »Dann eben nicht. Aber bis die Taube vorbeikommt, schnäbel ich doch einfach mit dem Spatz!«

Sabine leidet nicht gerne und sie gibt nicht auf. Also spielte sie nach Svens Regeln mit. Das hielt erstaunliche sechs Monate lang. Dann beendete sie diese Nicht-Beziehung für einen Inline-Skater, den sie mit dem Fahrrad in den Graben gejagt hatte. Sie fuhren danach gemeinsam und beinahe monogam ein weiteres Jahr.

Ich würde Ihnen jetzt so gerne erzählen, dass Sven daraufhin furchtbar litt. Aber nein: Sabine und Sven beendeten offenbar ohne große Probleme den sexuellen Aspekt ihrer Freundschaft (weitestgehend, denn da waren noch die nächtlichen Anrufe) und trafen sich weiterhin regelmäßig zum Cocktail an der Alster.

Menschen lernen durch Erfahrungen. Sven machte durchweg positive. Ohne Tränen und Stress ging ein halbes Jahr gemeinsamer Zeit vorüber. Niemand machte sich Vorwürfe, alle hatten eine prima Zeit miteinander – nur ein Gefühlsduselant würde Probleme wittern. Warum also sollte sich ein Mann wie Sven ändern?

Jungs lernen wie kleine Hunde sehr früh, dass jede Aktion eine Reaktion hervorruft. Das bedeutet für zwischenmenschliche Beziehungen: gebrochene Herzen sind eine unangenehme Reaktion auf sehr angenehmen Sex. Für beide Seiten. Da Jungs auf den Austausch von Körperflüssigkeiten nicht verzichten wollen und können, schließen sie daraus, dass einfach die Emotionen unter Kontrolle gehalten werden müssen. Mit der richtigen Distanz werden Körper und Geist befriedigt, das Herz bleibt unberührt – und alle sind zufrieden. So lange, bis bei einem von beiden diese blöden Schmetterlinge das Flattern beginnen.

»Wie machen wir jetzt weiter?«, fragte ich Marc. »Einmal ausgesprochen, können wir kaum mehr leugnen, dass wir ein Problem haben.«

»Die Frage musst du dir stellen, denn ich würde gerne so weitermachen wie bisher. Es macht Spaß mit dir, so wie es ist. Ich habe das bisher wirklich genossen, vielleicht zu sehr. Deshalb sah ich vielleicht das Problem nicht. Außerdem hatte ich gedacht, dass du das genauso siehst. Schließlich hattest du doch genau deshalb deine vorherige Affäre beendet, oder?«

Da hatte er wohl Recht. Das Schicksal ist schon ein ironisches kleines Biest. Da saß ich nun, konfrontiert mit der eigenen Argumentationskette – und den eigenen Bedürfnissen.

Hatte ich erwähnt, dass trotz des eben herabfallenden Eisregens meine bunten Falter immer noch tapfer mit den Flügeln schlugen? Da lag ich also, den Kopf auf der Brust dieses unerreichbaren Kerls, ließ mir den Nacken kraulen und fragte mich, für welche der drei Varianten ich mich nun entscheiden sollte: leiden, kämpfen oder aufgeben?

Jungs suchen bei Liebeskummer Ablenkung

Es war 2 Uhr 03. Das Pling einer neuen SMS weckte mich aus einem recht unruhigen Schlaf. Mein erster Gedanke: »Da hat es sich ein bestimmter junger Mann doch anders überlegt und will noch vorbeikommen.«

Dabei klopfte mein Herz ein wenig schneller und pumpte einen Schwung Adrenalin durch meinen Körper. Ich kämpfte mich durch den Stapel der »Lustigen Taschenbücher« an meinem Bett und fand mein Telefon als Lesezeichen zwischen den Seiten von »Donald ist Phantomias«, übrigens eines meiner Lieblingscomics.

»Schläfst du schon?«, fragte Aiden.

Falscher Text, falscher Mann. Ich hatte natürlich auf meinen hinreißenden blonden Motorrad-Fahrer gehofft, mit dem ich seit einigen Wochen ausprobierte, wie man keine Beziehung führt, und der am Abend zuvor meinen Wunsch nach gemeinsamer Nachtruhe schnöde verschmäht hatte. Eigentlich wollte ich mich wieder umdrehen und weiter schlafen. Aber da glomm schon wieder ein Funke Verzweiflung in meiner Brust und ein kleines Teufelchen in meinem Ohr flüsterte: »Du weißt, was er will. Danach kannst du prima einschlafen!«

»Aber das ist wie fremdgehen. Willst du das wirklich?«, fragte der kleine Engel, der neben meinem anderen Ohr Platz genommen hatte.

Ich tippte also: »Warum?« ins Telefon und schickte die Nachricht los.

»Liege allein auf dem Bett, schaue einen Porno, der

mich sehr geil gemacht hat, und da habe ich an dich gedacht«, war die Antwort.

Bevor ich Ihnen erzähle, was das kleine Teufelchen dann sagte und ich danach tat, will ich kurz etwas über den nächtlichen Verehrer verraten: Aiden ist Teil eines Duos, mit dem ich gelegentlich meinem Faible für Dreier nachgehe. Normalerweise ist bei einem solchen Arrangement ein Solo ausgeschlossen. Denn essenziell für fortlaufenden Spaß mit einem Paar ist, dass sich keinesfalls einer von beiden zurückgesetzt fühlt. Nun haben beide unabhängig voneinander jedoch eine Vorliebe für Telefonsex entwickelt – und zwar mit mir. So kommt es also manchmal vor, dass wir uns wochenlang nicht sehen, aber dafür hören. Jedoch ohne das Wissen des anderen. Da sich beide versprochen haben, fremde Früchte nur gemeinsam zu naschen, scheint die verbale Erotik ihr Bedürfnis nach Seitensprung zu befriedigen. Und da beide auf die gleichen Dinge stehen, muss ich mir nicht einmal verschiedene Texte einfallen lassen.

Ich schrieb: »Wenn du mich deshalb um 2 Uhr weckst, wirst du dir ein wenig Mühe geben müssen. Aber ruf an, wenn du mir etwas zu sagen hast!«

Das Teufelchen kicherte lüstern in mein Ohr.

Der Engel schien zunächst sprachlos. Doch dann spielte er seine Karte aus: »So schlimm ist es mit dem Verliebtsein ja wohl nicht, wenn du gleich nach drei Wochen den Spaß woanders suchst.«

»Du hast Liebeskummer«, zischte der mit den Hörnern. »Da ist Fremdgehen das Normalste der Welt! Alle Jungs machen das so!«

Bevor ich mir darüber weitere Gedanken machen konnte, klingelte das Telefon.

»Hättest du etwas dagegen, wenn ich noch vorbeikomme?«, fragte Aiden. »Ich brauche jetzt nicht nur eine Stimme, sondern jemanden neben mir. Habe gerade Stress mit meinem Mann und würde mich gerne ablenken.«

»Das ist eigentlich gegen die Absprache«, sagte ich. »Aber wenn es eine Notsituation ist: Ich bin nicht der Richtige, um den Moralapostel zu spielen. Also setz dich ins Auto und komm vorbei.«

Offenbar war ich mit meinem Bedürfnis nach körperlicher Nähe bei Beziehungsfrust nicht allein.

Ich beschloss, die Zeit zu nutzen, bis Aiden eintreffen würde, um das zu recherchieren.

Es war 2 Uhr 14, als ich eine Nachricht an Chris schickte: »Schläfst du schon?«

Wenn jemand Bescheid wusste über schlechtes Gewissen und Herzschmerz, dann mein heterosexueller Lauf-Partner, der mit seiner Lebensgefährtin gerade eine Beziehungskrise überstanden hatte – nicht mit Bravour, aber mit heilbaren Blessuren.

»Willst du Telefon-Sex? Oder warum mailst du mich mitten in der Nacht an?«, kam die prompte Antwort.

»Als ob du schon geschlafen hättest«, zickte ich eine Minute später in den Hörer. »Seit ihr Premiere abonniert habt, sitzt du doch um diese Zeit vor Beate-Uhse-TV.«

»Willst du mich nur beleidigen oder hat dein Anruf noch einen netteren Grund?«

»Als Nina und du eure Krise hattet, warst du doch todunglücklich und bist in Liebeskummer zerflossen?«

»Ja.«

»Gut. Dann möchte ich gerne wissen, ob du Nina in dieser Zeit betrogen hast.«

»Ich weiß nicht …« Er brach den Satz ab. Pause.

»Welchen Teil meiner Frage hattest du nicht verstanden?«

Chris schnaufte in den Hörer. »Irgendwann kündige ich dir die Freundschaft, Eric. Warum willst du das wissen?«

»Recherche über das Verhalten von hetero- und homosexuellen Männern in Krisen«, antwortete ich sachlich. »Also?«

»Also was?«

Ich wusste es bereits, die Pause hatte ihn verraten. »Du hast sie betrogen, nicht wahr? Und zwar mehrfach!«

So ist das: Jungs haben Liebeskummer, also gehen sie poppen. Manche einmal, andere exzessiv. Warum? Ist der Schmerz anders nicht zu ertragen? Ablenkung ist sicher ein Hauptmotiv. Beim Sex lässt sich prima abschalten. Man lässt sich ein wenig auf den Wellen der angenehmen Gefühle treiben, kann sich Seele und Körper streicheln lassen oder einfach ein paar Aggressionen abbauen. Früher sind die Jungs vor die Hütte gegangen und haben Holzkeile gespalten. Heute gehen die ganz hippen Heteros und Schwuppen ins Arbeitszimmer an den Rechner und ins Internet. Alle anderen gehen in die nächste Bar, trinken sich die Tresennachbarin oder den Barkeeper schön und haben eine schnelle Nummer mit langem Nachgeschmack.

Wenn Jungs zu Hause nicht die Anerkennung finden, die sie brauchen, werden sie unsicher oder sogar panisch. Rasche Abhilfe verspricht da, den eigenen Marktwert abschätzen zu lassen.

Vielleicht ist das Fremdgehen bei Liebeskummer auch eine biologische Reaktion. Offenbar kann das Erbgut nicht wie gewohnt an die Patriarchin weitergegeben werden. Bis zur vollständigen Analyse des Problems wird rasch der Fortpflanzungstrieb auf ein anderes paarungswilliges Mitglied des Stammes gelenkt, damit auf keinen Fall wertvolle Zeit und der noch wertvollere potenzielle Nachwuchs verloren geht.

Um 2 Uhr 28 kündigte die Türklingel meinen Besuch an. Ich verabschiedete mich rasch von Chris und ließ ihn mit Beate-Uhse-TV und »Freche Nymphomaninnen am Baggersee« alleine.

»Das ging flott«, sagte ich, als ich die Tür öffnete. »Was war denn los?«

»Können wir später sprechen?«, fragte Aiden und zog sich bereits die Schuhe aus.

Wir waren schnell: Gegen 3 Uhr strich er bereits im

Halbschlaf mit seiner Hand über meinen Rücken. Als er mit verhaltenem Druck die Muskeln an meiner Wirbelsäure massierte, antwortete ich mit einem wohligen Schnurren. Ich legte den Arm nach hinten und drückte ihn an mich.

Und dann spürte ich seine glatt rasierte Brust an meinem Rücken. Womit ich mich daran erinnerte, dass dies nicht der sanft behaarte Marc war, der hier in meinem Bett lag, sondern ein Beinahe-Fremder. Er hatte die Apfelsaftschorle getrunken, die ich gestern für Marc gekauft hatte, wir hatten die Kondome benutzt, die ich wegen Marc besorgt hatte, und er schlief auf der Seite, auf der eigentlich Marc schlafen würde.

Ich wandte mich ab, um etwas Distanz zu bekommen, stellte den Wecker und packte mein Telefon wieder zwischen die Disney-Taschenbücher.

Dabei fällt mir ein: Ich wollte Ihnen erzählen, warum Donald schon immer mein Held war. Weil er hundertprozentig gefühlsgesteuert ist: Wenn die Neffen über die Stränge schlagen, jagt er sie mit dem Teppichklopfer um den Garten ins Baumhaus und wenn Daisy wieder mit Gustav ausgeht, bekommt er einen Tobsuchtsanfall.

Donald weiß, wie er das Leben genießen kann: in der Hängematte liegen und aufs Erbe der reichsten Ente der Welt warten.

Alle denken, er sei ein lascher Erpel, aber in Wirklichkeit ist er Phantomias, der maskierte Superheld von Entenhausen. Und egal was passiert und wie schwierig es auch sein mag: Er wird immer mit Daisy zusammen sein.

Ich deckte den bereits wegdösenden Aiden zu, griff mir meinen Phantomias-Comic und las noch eine Geschichte – zur Ablenkung.

Jungs mögen keine Abschiedsszenen

Sie erinnern sich an »Casablanca«? War dieser Abschied cool? Oder für unsere Kinder der Neuzeit: die Schlussszene von »Bodyguard«? Whitney und Kevin … Und im Hintergrund tönt es: »I will always love you«.

Es treibt Ihnen vor Rührung die Tränen in die Augen? Mir auch. Aber das ist eben Hollywood. Die schnöde Realität sieht anders aus. Nix Rührung, nix Romantik und nicht einmal Musik. Dafür aber Tränen. Sie ahnen: Heute war Abschied von Marc.

Mein Lieblingsmotorradfahrer, der partout keine Beziehung mit mir wollte, hatte sich selbst zum Geburtstag eine zweiwöchige Reise nach Kapstadt geschenkt. Selbstverständlich allein.

Wie allen Jungs widerstreben mir Abschiedsszenen. Sie sind sentimental, immer schlecht geplant und gehen in der Regel daneben.

»Wenn ich eine Dienstreise unternehme, die länger als drei Tage dauert, besteht Nina darauf, dass sie mich zum Flughafen bringt«, sagte Chris. »Obwohl ich das nicht ausstehen kann. Da gibt es keine Diskussion, sie will das unbedingt.«

»Und was macht ihr dann dort? Seht ihr euch an der Ausweiskontrolle in die feuchten Augen, schwört euch ewige Liebe und Treue und knutscht wie ein paar liebestolle Pennäler?«

»Das kommt auf die Länge der Reise an. Als ich vergangenes Jahr für einen Monat nach Australien fliegen musste, hatten wir sogar noch einmal Sex im Parkhaus, bevor ich die Koffer eincheckte.«

Die Vorstellung gefiel mir sofort.

Abschiedsszenen sind echte Herausforderungen an die Regietalente in uns. Da muss alles stimmen. Eine falsche Einstellung und der ganze Film ist futsch. Der letzte Eindruck zählt. Da darf es keine Patzer geben. Deshalb muss ein Abschied sorgfältiger geplant werden als eine Powerpoint-Präsentation der Quartalsergebnisse für den Vorstand: Wie ist der letzte Satz? Wann und wo gibt es den letzten Kuss? In welcher Situation wird der letzte Blick getauscht?

Nun konnten nicht alle Jungs bei Spielberg und Altman lernen. Ich zum Beispiel neige in solchen Dingen eher zu Almodavar oder an einem besonders schlechten Tag zu Fassbinder. Mal sind Blumen im Drehbuch vorgesehen, mal Pralinen – manchmal auch nur ein Verpflegungspack mit frischem Obstsaft und der Familienpackung Milchschnitte. Diese Details können bis zur letzten Sekunde noch geändert werden. Jedoch ist im Script das Finale selbstverständlich wie in Fels gemeißelt: Beide sollen den Trennungsschmerz richtig tief in sich spüren können.

»Soll ich Marc ein Abschiedsgeschenk in die Hand drücken?«, fragte ich Chris. »Etwas, was ihn dann die nächsten zwei Wochen an mich erinnert?«

Der Inhaber der Senator Card von Lufthansa winkte ab. »Das ist zu plump. Außerdem will niemand mehr mitschleppen müssen als unbedingt nötig. Und eine Idee kannst du gleich streichen: Schreib ihm keinen ergreifenden Liebesbrief, den du ihm dann in der letzten Sekunde in die Hand drückst. Da musst du schon alleine durch dich selbst für einen bleibenden Eindruck sorgen!«

»Woher wusstest du, dass ich das überlegt hatte?«

»Eric, du bist so leicht zu durchschauen«, stöhnte Chris. »Ich möchte schwören, dass du in deinem Telefon bereits drei SMS-Entwürfe gespeichert hast, die du ihm aufs

Rollfeld hinterherschicken kannst, sobald er die Security-Schleuse durchschritten hat!«

Klar. Er hatte Recht. Es waren sogar vier verschiedene. »So was Albernes würde ich doch nicht tun«, log ich.

»Dann ist ja gut.« Chris klang nicht überzeugt.

So ein Abschied setzt in Jungs eine Menge an Emotionen frei, die sonst eher unter den Teppich gekehrt werden. Da ist selbstverständlich die Furcht des Zurückbleibenden, es könnte kein Wiedersehen geben. Und die Reisenden? Auch für sie gilt ja, dass Jungs Gewohnheitstiere sind. Neues erschreckt uns. Wir wollen wissen, was uns nach unserer Rückkehr erwartet. Am liebsten dieselbe alte Höhle, dasselbe wärmende Feuer, dieselbe kalte Platte zum selben abendlichen Entertainmentprogramm: Sex, versteht sich. Deshalb bemühen wir uns natürlich, den Abschied so zu gestalten, dass der andere auch ein Interesse hat, uns wieder zu sehen.

Chris sagte: »Ich bin eigentlich kein romantischer Mensch. Aber mir gefällt das Gefühl, dass da jemand ist, der auf mich wartet. Das hat etwas Beruhigendes.«

»Unabhängig davon, dass du bereits ein Date in der Hotelbar ausgemacht und den nächsten Seitensprung schon minuziös geplant hast?«, wollte ich wissen. »Ist das nicht extrem unfair?«

»Wieso das denn? Abgesehen davon, dass ich künftig sowieso nur noch monogam leben werde, ist es doch gerade die Abwechslung während einer Reise, die das Verlangen auf das Vertraute und Regelmäßige zu Hause wachsen lässt.«

Gierig nach Anerkennung, wie wir Jungs nun einmal sind, wollen wir natürlich das Gefühl vermittelt bekommen, dass man uns vermissen wird. Dann macht das Verlassen gleich noch mal so viel Spaß.

Wie damals, als die Wikinger zum Brandschatzen und Vergewaltigen aufgebrochen sind, sonnen wir uns noch heute in dem Wissen, dass sich zu Hause jemand nach uns verzehrt – egal welchen Unsinn wir unbeaufsichtigt anstellen werden.

In keinem Fall bedeutet das übrigens, wir würden Tränen gutheißen. Eher werden Sie Vampire an Weihwasser gewöhnen als Jungs an ein heulendes Gegenüber. Das lässt uns in Warp-Geschwindigkeit flüchten. Aber wir lieben dieses erste Schlucken, das verkrampfte, tapfere Lächeln davor.

Was an diesem Abschied besonders war? Marc und ich wussten, dass nach heute unsere Affäre beendet sein würde. Er würde nach seinem Urlaub nicht mehr so mit mir umgehen können wie zuvor. Wir würden vielleicht gemeinsam Motorrad fahren, eventuell mal ins Kino gehen. Aber ohne die Intimität, die uns vorher verbunden hatte. Ich wusste, dass dieser Abschied mein Herz brechen würde. Und ich wollte, dass wir Casablanca dabei spielend in den Schatten stellten.

In meinem Drehbuch stand zunächst ein letztes Mal Sex – der spontan wirken sollte, aber eigentlich romantisches Liebemachen bedeuten würde. Aber kaum rasselte am Morgen nach (zumindest bei mir) schlafloser Nacht der Wecker, sprang Marc auf und verschwand in Richtung Toilette. Kuscheln zum Morgengrauen stand also nicht auf dem Programm. Ich sah kurz auf seinen knackigen Hintern, dann nur noch auf die Badezimmertüre. Ein Klicken verriet, dass er sie abgeschlossen hatte. Die Nummer unter fließendem Wasser konnte ich also auch vergessen. Ich bereitete mich auf die Alternativszene vor: Sex auf dem Frühstückstisch.

Das Obst für das Müsli war in Windeseile geschnitten. Die Cappuccino-Maschine wurde rechtzeitig heiß und fauchend nahm der Milchschäumer seinen Dienst auf. Als Marc aus dem Bad trat, lehnte ich lächelnd und nackt neben einem Drei-Sterne-Gesundheits-Fitness-Wohlfühl-Frühstück der Extra-Klasse. Meine Miene verfinsterte sich jedoch deutlich, als ich sah, dass die männliche Hauptrolle meines Films nicht nur mit Bravour die Maske, sondern bereits die Garderobe hinter sich gebracht hatte.

»Sieht das nicht gut aus?«, fragte er besorgt, als er meinen Gesichtsausdruck sah, und musterte sich im Spiegel in seiner Trainingshose und dem passenden kurzärmeligen Hemd – beide schwarz wie seine frisch gegelten Haare und beide von Gucci.

Ich schluckte. »Das steht dir großartig!«, sagte ich und eilte unter die Dusche.

Nächste Einstellung: Parkhaus.

Wissen Sie, warum Ausstatter in einem Film so gut bezahlt werden? Weil sie an alles denken müssen! Einem Profi wäre sicher nicht passiert, sich ausgerechnet ein Cabrio zu leihen, um eine Abschiedsnummer auf dem Flughafengelände zu versuchen. Zu allem Überfluss war in den tieferen Ebenen des Parkhauses, in den vielleicht noch geeigneten Ecken kein Stellplatz mehr frei. Und es blieb nur das oberste Sonnendeck, auf das man von jedem Aussichtsfenster des Terminals aus freien Blick hatte.

Mir war mittlerweile klar geworden, dass dieses Finale ohne einen wie auch immer gearteten Austausch von Körperflüssigkeiten über die Bühne gehen würde. Nun hieß es also, alles in die Szene vor dem Sicherheitscheck zu legen. Ich hatte natürlich einige Ersatzszenarien vorbereitet und war gewillt, einen für Marc unvergesslichen Abschied hinzulegen.

Der gewaltige Samsonite – warum Jungs keine Koffer packen können, wäre ebenfalls ein wundervolles Thema – war rasch aufgegeben. Dennoch blieb uns kaum mehr Zeit, denn der Flug wurde bereits aufgerufen.

Wir gingen an der Absperrung entlang in Richtung Bordkarten-Kontrolle. Ich bereitete mich auf die zu erwartende Umarmung in wenigen Minuten vor. Wir waren noch gut zwanzig Meter von dem Punkt der Trennung entfernt, als er unvermutet den Arm um mich legte, mich an sich zog und küsste. Kurz und zielorientiert. »Bis dann«, sagte er noch grinsend wie ein Löwe. Und war mit zwei Schritten seiner endlosen Beine an dem Security-Mädel vorbei und hinter der Schranke. Zwischen uns waren fünf Meter und eine Scheibe Panzerglas.

Das war meilenweit entfernt von meiner Idee einer Abschiedsszene gewesen. Und mir blieb nur noch der Abgang. Verdutzt drehte ich mich um und ging die Halle entlang in Richtung Ausgang. Ganz Hollywood-Diva, sah ich nicht zurück. Irgendwer drehte ganz tief in meiner Brust ein Messer hin und her und meine Augen füllten sich mit Wasser.

Auf dem Weg zum Parkautomaten stolperte ich über einen Kinderwagen und zwei Pudel. Das Auto ließ sich problemlos ausparken: Ich passierte unbeschadet die Blumenkübel am Fußgängerüberweg. An der Schranke signalisierte mein Telefon bereits den Eingang einer Nachricht im Postfach. »Bis bald denn … Sitze schon im Bus auf dem Weg zum Rollfeld. Kuss.«

Ich entschied mich gegen eine der vorbereiteten Nachrichten im Speicher meines Telefons wie »Ich liebe dich.« Und tippte: »Yep. Ich werde dich auch vermissen ;) Melde dich doch dann und wann. Waren sehr schöne Wochen mit uns. Danke! BH, FK.« Hinter mir hupte jemand, entschied sich dann aber nach meinem aggressiv ausgestreckten Mittelfinger dafür, die andere, leere Ausfahrt zu nutzen.

Blieb noch die Musik für die Schlusstitel: Ich hoffte auf die Gnade des ganz großen Regisseurs und drehte das Radio auf. Zugegeben: In diesem Moment hätte ich jedem Song etwas Passendes abgewonnen, aber Christina Aguilera schien ein Geniestreich. Unter Tränen grölte ich »Thanks for making me a fighter« mit.

Man sollte, wenn man in einem Cabrio unterwegs ist, immer bedenken, dass Umstehende alles aus dem Inneren des Wagens mithören können und müssen. Der Parkwächter sah mich sehr erschrocken an.

»Ich kann Abschiedsszenen einfach nicht leiden«, rief ich, gab Gas und fuhr endlich weiter.

DANK:

Für meine Mutter, weil sie den Titel dieses Buches formulierte.

Danke an Anatol, Maike, Jochen, Barbara und Dirk für die ersten ermutigenden Anmerkungen.

Danke an alle, die mir bei meinen Recherchen auf die verschiedensten Arten halfen: Gabi, Oliver, Ilja, Harald, Georg, Pedi, Rolf.

Danke an meine Agentin und meinen Lektor, die dieses Projekt ermöglichten und unterstützten.

»... umwerfend komisch, unverkrampft und locker.«

gab – Das Gay Magazin

Sandra Maravolo
Eine Frau verrät
ihrem besten Freund,
was Frauen wirklich antörnt
140 Seiten · geb. mit SU
€ 14,95 (D) · sFr 26,90
ISBN 3-8218-3774-8

Wann ist ein Mann ein Mann? Wenn er seine Partnerin sexuell glücklich macht. Schade nur, dass die Lust der Frau trotz Vorspiel, exotischer Stellung und sportiver Ausdauer leider häufig auf der Strecke bleibt. Denn noch immer haben die meisten Männer ja keine wirkliche Ahnung von der weiblichen Sexualität – auch jene nicht, die sich für sensible und einfühlsame Liebhaber halten.

»Ins Bett übersetzt kann Ihnen dieses Buch so manchen Stau ersparen und für noch flüssigeren Verkehr sorgen.«
Penthouse

Eichborn
Kaiserstraße 66
60329 Frankfurt
Telefon: 069 / 25 60 03-0
Fax: 069 / 25 60 03-30
www.eichborn.de

Wir schicken Ihnen gern ein Verlagsverzeichnis.